JURIS' FAMILLE

25 fiches
pour comprendre et réviser
le droit de la famille

AUTRES OUVRAGES DE RÉMI RAHER ET MORGAN CHERVET

Juris' Personnes : *25 fiches pour comprendre et réviser le droit des personnes*

Juris' Intro : *25 fiches pour comprendre et réviser l'introduction générale au droit*

AUTRES OUVRAGES DE LA COLLECTION « JURISCOACH »

Juris' Constit : *25 fiches pour comprendre et réviser le droit constitutionnel*

Juris' Europe : *25 fiches pour comprendre et réviser les institutions européennes*

Juris' V^e^ : *25 fiches pour comprendre et réviser les institutions politiques de la Ve République*

Juris' Pénal : *25 fiches pour comprendre et réviser le droit pénal général*

Juris' Oblig : *25 fiches pour comprendre et réviser le droit des obligations*

Juris' Admin : *25 fiches pour comprendre et réviser le droit administratif*

Juris' Data : *25 fiches pour comprendre et réviser le droit des données numériques*

Juris' Travail : *25 fiches pour comprendre et réviser le droit du travail*

Juris' Business : *25 fiches pour comprendre et réviser le droit des affaires*

Juris' Fiscal : *25 fiches pour comprendre et réviser le droit fiscal*

AUTRES OUVRAGES PARUS CHEZ ENRICK B. ÉDITIONS

Chronique d'un étudiant en droit, **tome 1 :** *Mes conseils pour obtenir votre L1 (en y prenant du plaisir)*

Chronique d'un étudiant en droit, **tome 2 :** *Mes conseils pour réussir votre cursus (et trouver un emploi)*

RÉMI RAHER & MORGAN CHERVET

JURIS' FAMILLE

25 fiches pour comprendre et réviser le droit de la famille

Enrick B. ÉDITIONS

www.enrickb-editions.com

Conception couverture : Marie Dortier
Réalisation couverture : Comandgo

ISBN : 978-2-35644-315-1

Sommaire

MODE D'EMPLOI

Comment utiliser ce livre ?

Bonjour et bienvenue dans *Juris' Famille* !

Des manuels avec plein de pages et trop de choses à retenir, vous en avez déjà. Le but de ce livre est donc de faire les choses de façon différente, en vous proposant 25 fiches de révision sur le droit de la famille : le concubinage, le pacs, le mariage, la séparation de fait, les différents cas de divorce, l'établissement de la filiation, l'administration des biens de l'enfant, l'autorité parentale, etc.

Vous constaterez que chaque fiche est synthétique (son manuscrit tient sur deux pages de format A4 maximum) et qu'elle est suivie d'un quiz de type QCM composé de trois questions, afin de vérifier que vous avez bien retenu les notions abordées. Vous pouvez dérouler le sommaire comme il vous est proposé, ou vous rendre directement à la thématique qui vous intéresse (ou qui vous pose problème).

Chaque fiche est complétée par un « conseil de coach » qui aborde les questions d'organisation, d'orientation, de révision... et propose toutes sortes d'astuces pour faciliter votre cursus. Certaines idées vous plairont, d'autres peut-être moins ; vous conserverez ce qui peut vous aider et oublierez ce qui vous dérange : l'important est de faire ce qui vous convient, pas ce qui vous pénalise !

Le livre s'achève par un test, avec 25 questions ouvertes auxquelles vous devrez répondre afin de vous assurer que vous avez bien retenu le contenu de ces pages. Si vous faites un sans-faute, vous êtes probablement dans les starting-blocks pour les examens ! Si ce n'est pas le cas, il peut être utile de revenir en arrière pour combler vos lacunes.

Quoi qu'il en soit, je vous souhaite une bonne lecture et beaucoup de réussite dans vos projets.

Rémi Raher
www.juriswin.com

FICHE N° 1

Le concubinage

Le concubinage est une union de fait, qui consiste à s'installer en couple hors des cadres légaux que représentent le pacs et le mariage. Défini à l'article 515-8 du Code civil, il suppose une vie commune stable et continue entre deux personnes vivant en couple, sans condition de durée particulière ni formalités spécifiques.

Article 515-8 du Code civil

« Le concubinage est une union de fait, caractérisée par une vie commune présentant un caractère de stabilité et de continuité, entre deux personnes, de sexe différent ou de même sexe, qui vivent en couple. »

L'absence d'obligations entre les concubins

Contrairement au pacs et au mariage qui créent des liens juridiques (voir les fiches suivantes), le concubinage se caractérise par une totale liberté des concubins dans leur union, ce qui signifie qu'ils n'ont ni devoirs ni obligations l'un envers l'autre :

- Aucun devoir de fidélité n'est imposé entre les concubins.
- Aucun devoir d'assistance ni de secours l'un envers l'autre.
- Aucune obligation de contribuer aux charges de la vie commune.

Ainsi, les concubins s'organisent comme ils le souhaitent, aussi bien sentimentalement que financièrement. Par exemple, si l'un des deux prend en charge l'ensemble des dépenses, il ne pourra pas exiger de l'autre le remboursement d'une partie d'entre elles au titre de la solidarité du ménage. Réciproquement, chaque concubin reste seul tenu des dettes qu'il a contractées ; la solidarité n'est en effet jamais présumée entre les concubins.

Comment prouver le concubinage ?

Puisqu'il n'existe ni condition de durée ni formalités à accomplir, prouver le concubinage peut se faire par tout moyen : les mairies peuvent rédiger des certificats de vie commune, les concubins peuvent rédiger une attestation sur l'honneur, des témoignages peuvent attester du concubinage, etc.

Le régime administratif et fiscal des concubins

Puisqu'ils ne sont pas solidaires financièrement, les concubins déclarent leurs revenus séparément. Seule exception : ils doivent effectuer une déclaration commune au titre de l'impôt de solidarité sur la fortune.

Les enfants communs peuvent être rattachés à l'un ou l'autre des concubins ou répartis entre les deux, en fonction des avantages fiscaux que cela peut procurer à l'un ou à l'autre (mais il n'est bien sûr pas permis de déclarer les enfants deux fois, cela constituerait une irrégularité fiscale).

Le statut des concubins est reconnu par certaines administrations, de telle sorte qu'ils peuvent prétendre à des prestations sociales. Par exemple, les caisses d'allocations familiales et la Sécurité sociale ne distinguent pas selon le statut social du couple (ce sont les notions de foyer et d'ayant droit qui sont retenues par ces administrations).

Le patrimoine des concubins

En ce qui concerne les liens patrimoniaux, le principe du concubinage est celui de la séparation des biens : chaque concubin conserve les biens qu'il a acquis avant et pendant le concubinage. Ainsi, seul le concubin mentionné dans l'acte d'acquisition est reconnu propriétaire, et l'autre n'a aucun droit sur le bien (même s'il a participé financièrement à son achat).

Si les concubins souhaitent posséder des biens en commun, il leur suffit d'acquérir le bien en indivision, en indiquant les deux noms dans l'acte d'acquisition. Les concubins sont alors « coïndivisaires » du bien, en fonction de la répartition souhaitée : par principe, chacun est propriétaire de la moitié, mais il est possible de prévoir une répartition différente en l'indiquant dans l'acte d'acquisition.

En raison de l'absence de lien juridique entre les concubins, le régime successoral est très désavantageux. Les concubins sont considérés comme étrangers l'un à l'autre ; par conséquent, le concubin survivant n'hérite pas de son concubin défunt en vertu de la loi. Autrement dit, en l'absence d'un testament, il n'hérite de rien...

Concubinage et droit au bail

Attention ! Si les époux et les partenaires d'un pacs peuvent se prévaloir d'un droit à être cotitulaire du bail conclu par leur conjoint, la loi ne prévoit pas ce droit pour les concubins. Ainsi, même s'il vit dans le logement et participe au paiement des loyers, un concubin non inscrit sur le bail ne dispose d'aucun droit sur ce dernier, et donc d'aucun droit à se maintenir dans le logement après la séparation du couple ou en cas de décès de son concubin. C'est pourquoi il est vivement recommandé de faire inscrire les deux concubins sur le bail.

– Quiz –

1 – Quel article du Code civil est relatif au concubinage ?

- ☐ A – L'article 518-5 du Code civil.
- ☐ B – L'article 815-8 du Code civil.
- ☐ C – L'article 515-8 du Code civil.

2 – Quelles sont les obligations des concubins ?

- ☐ A – Un devoir de fidélité mais aucun devoir financier.
- ☐ B – Un devoir d'assistance et de secours mais pas de fidélité.
- ☐ C – Ils n'ont aucune obligation l'un envers l'autre.

3 – Quid de la déclaration fiscale des concubins ?

- ☐ A – Les concubins déclarent leurs revenus séparément.
- ☐ B – Les concubins déclarent ensemble l'impôt de solidarité sur la fortune.
- ☐ C – Les concubins déclarent leurs enfants en les rattachant aux deux parents.

Réponses : 1, C; 2, C; 3, A et B.

✪ CONSEIL DE COACH ✪

ⓘ Apprendre à apprendre... et à réviser

Dans une étude publiée en 2011 dans la revue *Science*, le professeur Jeffrey Karpicke de l'université Purdue a demandé à plusieurs élèves de se préparer à un test. Avant le test, le chercheur a demandé aux étudiants ce qui serait le plus efficace pour apprendre : relire lentement leurs notes, relire rapidement mais en prenant des notes ou essayer de se souvenir de ce qu'ils avaient lu.

Imaginez que vous participiez à cette étude : qu'est-ce qui est, selon vous, le plus efficace ?

Si la majorité des étudiants indiquaient que relire lentement ou relire en prenant des notes était probablement le plus efficace, il s'avère que le test a prouvé le contraire : pratiquer le rappel ou souvenir est la meilleure technique de révision, car cela habitue le cerveau à récupérer l'information là où elle a été stockée.

Ainsi, si la lecture de vos manuels et l'écoute de vos profs sont des étapes importantes de l'apprentissage, il est indispensable d'avoir une approche active en essayant de se rappeler, d'appliquer et de mettre en pratique ce qui a été appris.

FICHE N° 2

La formation du pacs

La loi du 15 novembre 1999 a mis en place le pacte civil de solidarité (ou pacs), qui est régi par les articles 515-1 à 515-7-1 du Code civil. Il s'agit d'un contrat spécifique puisque son objet est d'organiser la vie commune de deux personnes physiques majeures.

Jusqu'au 31 octobre 2017, c'était le tribunal d'instance qui était compétent pour la conclusion, la modification et la dissolution des pacs. Depuis le 1er novembre 2017, cette compétence est transmise aux communes, par application de la loi de modernisation de la justice du XXIe siècle.

Article 515-1 du Code civil

« Un pacte civil de solidarité est un contrat conclu par deux personnes physiques majeures, de sexe différent ou de même sexe, pour organiser leur vie commune. »

Les conditions de fond

Aux termes de l'article 515-1 du Code civil, il faut être majeur pour conclure un pacs. Cela pose la question de savoir ce qu'il en est concernant un mineur émancipé ou une dispense d'âge par le procureur de la République.

- Dans le silence des textes, le mineur émancipé ne dispose pas de la capacité de conclure un pacs. Cela a été confirmé par le Conseil constitutionnel dans sa décision n° 99-419 DC du 9 novembre 1999.
- Si le procureur de la République peut autoriser un mineur à se marier (avec le consentement de ses parents), aucune disposition ne le prévoit concernant le pacs.

Par ailleurs, puisqu'il s'agit d'un contrat, l'article 1103 du Code civil précise que le pacs doit être « légalement formé » pour être valide, ce qui signifie qu'il exige le consentement des parties et leur capacité de contracter, ainsi qu'un contenu licite et certain.

Enfin, l'article 515-2 du Code civil prévoit qu'un pacs ne peut pas être conclu entre ascendant et descendant en ligne directe, entre alliés en ligne directe et entre collatéraux jusqu'au troisième degré inclus, ce qui signifie, par exemple, qu'on ne peut contracter un pacs entre enfant et parent, petit-enfant et grand-parent, beau-père ou belle-mère et gendre ou belle-fille, oncle ou tante et neveu ou nièce, etc.

La notion de degré dans une famille

L'article 741 du Code civil dispose que « la proximité de parenté s'établit par le nombre de générations ; chaque génération s'appelle un degré ».

Dernière restriction : un pacs ne peut être conclu entre deux personnes dont l'une au moins est engagée dans les liens du mariage, ni entre deux personnes dont l'une au moins est déjà liée par un pacte civil de solidarité.

Les conditions de forme

Outre les exigences de fond, la conclusion d'un pacs est subordonnée à la réunion de trois conditions de forme : l'établissement d'une convention, l'enregistrement du pacs et sa publicité.

Aux termes de l'article 515-3 du Code civil, la conclusion d'un pacs suppose l'établissement d'une convention. Aucune exigence de forme ni de contenu particulier, autre que ce qui est prévu par les règles de droit commun applicables aux actes sous seing privé ou authentiques, n'est requise, de sorte que la convention peut simplement faire référence aux dispositions de la loi du 15 novembre 1999 et aux articles 515-1 à 515-7-1 du Code civil. Cependant, la convention doit être rédigée en langue française et comporter la signature des deux partenaires.

Cette convention doit ensuite être enregistrée auprès de l'officier d'état civil de la commune de résidence, en présence des deux partenaires, puis « il est fait mention, en marge de l'acte de naissance de chaque partenaire, de la déclaration de pacte civil de solidarité, avec indication de l'identité de l'autre partenaire » (article 515-3-1 du Code civil).

La convention de pacs peut éventuellement être passée par acte notarié, auquel cas le notaire instrumentaire recueille la déclaration conjointe, procède à l'enregistrement du pacte et fait procéder aux formalités de publicité auprès de l'état civil.

– Quiz –

1 – Aujourd'hui, qui a compétence pour la conclusion des pacs ?

- ☐ A – Le tribunal d'instance.
- ☐ B – L'officier d'état civil.
- ☐ C – Le procureur de la République.

2 – Quelle condition faut-il remplir pour conclure un pacs ?

- ☐ A – Être majeur.
- ☐ B – Être mineur émancipé.
- ☐ C – Être mineur et avoir l'autorisation de ses parents.

3 – Qui peut enregistrer un pacs ?

- ☐ A – Le notaire.
- ☐ B – Le procureur de la République.
- ☐ C – L'officier d'état civil.

Réponses : 1, B ; 2, A ; 3, A et C.

✪ CONSEIL DE COACH ✪

ⓘ Pas motivé ? La stratégie du petit pas

On a tous tendance à procrastiner pour une chose ou pour une autre : faire la vaisselle, rédiger un commentaire de texte, ranger notre chambre, préparer une fiche de révision… Souvent, la motivation fait défaut devant l'ampleur ou la complexité de la tâche à accomplir.

La solution ? Faire la plus petite action possible pour se mettre en mouvement ! Par exemple, ce livre n'a pas été rédigé d'une traite, dans un grand élan d'enthousiasme et d'inspiration fulgurante. Au contraire, il a été écrit petit bout par petit bout, l'objectif quotidien étant parfois d'un seul paragraphe ou d'un seul « conseil de coach » comme celui que vous êtes en train de lire.

Ainsi, si vous devez réviser une matière pour un galop ou un partiel, peut-être qu'attendre le « bon moment » pour vous lancer dans 48 heures de concentration intense n'est pas la solution, car ce « bon moment » n'arrivera sans doute jamais… Fixez-vous plutôt comme objectif de rédiger une seule fiche de révision, ou l'introduction de votre devoir. Une fois que vous serez dans l'action, il sera plus facile de poursuivre votre tâche. Et même si vous décidez d'arrêter, vous aurez au moins accompli cette petite mission !

J'insiste : visez petit. L'idée générale de cette méthode est de trouver la plus petite action à mener pour aller en direction de son but, afin de mettre le doigt dans l'engrenage et de créer l'amorce sans générer d'anxiété ni d'implication trop coûteuse en temps ou en énergie. Vous verrez que vous pouvez sans doute en faire un peu plus et finalement atteindre votre objectif.

FICHE N°3

Les effets du pacs

La conclusion d'un pacs ne produit aucun effet sur le nom ni sur la filiation, mais il a plusieurs effets sur les partenaires entre eux, et concernant les droits sociaux et fiscaux ainsi que les biens des partenaires.

Les effets entre les partenaires du pacs

Une fois liés par un pacs, les partenaires s'engagent à trois choses :

- Partager une vie commune ;
- S'assurer une aide matérielle réciproque (contribution aux charges du ménage) ;
- Se fournir une assistance réciproque (par exemple, en cas de maladie ou de chômage).

Par principe, l'aide matérielle est proportionnelle à la capacité financière respective de chaque partenaire, sauf s'ils en conviennent différemment dans leur convention de pacs. Néanmoins, les partenaires sont solidaires des dettes contractées par l'un d'eux pour les besoins de la vie courante. Cette solidarité entre partenaires ne joue pas pour les dépenses manifestement excessives. Ainsi, en l'absence de consentement des deux partenaires, la solidarité des dettes est exclue pour un achat à crédit ou pour un emprunt, sauf s'il s'agit d'une somme modeste nécessaire à la vie quotidienne du ménage. En dehors des besoins de la vie courante, chaque partenaire reste responsable des dettes personnelles qu'il a contractées avant ou pendant le pacs.

Le régime patrimonial du pacs

À défaut de précision dans la convention de pacs, le couple est soumis au régime de la séparation des biens, ce qui signifie que chaque partenaire conserve la propriété des biens qu'il détenait avant la conclusion du pacs et qu'il acquiert au cours du pacs. Il est aussi seul propriétaire des revenus qu'il perçoit au cours du pacs (salaires, loyers, pensions, etc.).

Les partenaires peuvent néanmoins opter pour le régime de l'indivision des biens (dans leur convention initiale de pacs ou dans une convention modificative), ce qui signifie que les biens qu'ils achètent (ensemble ou séparément) appartiennent à chacun pour moitié à partir de l'enregistrement du pacs (ou de sa modification, le cas échéant).

À remarquer : même avec le régime de l'indivision des biens, les partenaires restent seuls propriétaires des biens qu'ils détenaient individuellement avant la conclusion du pacs et des biens qu'ils ont reçus individuellement par donation ou succession au cours du pacs. De plus, certains biens restent la propriété exclusive de chaque partenaire, notamment les biens à caractère personnel, les biens créés au cours du pacs (fonds de commerce, clientèle, brevets d'invention, etc.) et les biens acquis avec des fonds qui appartenaient à un seul partenaire avant l'enregistrement du pacs ou sa modification.

Conséquences fiscales et sociales du pacs

Sur le plan fiscal, le pacs a des effets sur la déclaration des revenus (les partenaires pacsés sont soumis aux mêmes règles que les personnes mariées, et doivent donc se déclarer ensemble), ainsi que sur les droits de succession, l'abattement et la réduction des droits de donation, et enfin l'imposition à l'impôt sur la fortune (ISF).

Sur le plan social, la personne qui se pacse perd tout droit éventuel à l'allocation de soutien familial et à l'allocation de veuvage, ainsi qu'au revenu de solidarité active, si elle y avait droit comme parent isolé (en fonction des revenus du partenaire).

Enfin, la conclusion d'un pacs est opposable à l'employeur, notamment avec l'octroi de jours de congés dans le secteur privé et une autorisation d'absence dans le secteur public.

La dissolution du pacs

Le pacte civil de solidarité peut se dissoudre de plusieurs façons :

- Par une rupture conjointe : il faut alors effectuer une déclaration de fin du pacte civil de solidarité.
- Par une rupture unilatérale : un partenaire peut signifier à l'autre sa décision par huissier de justice et en remettre une copie à l'état civil.
- Par le décès d'un des partenaires (à ce sujet, il faut rappeler qu'un pacs ne crée pas de droits entre les partenaires, il est donc conseillé de rédiger un testament devant notaire si l'on souhaite transmettre ses biens à son partenaire en cas de décès).
- Par le mariage des partenaires entre eux ou d'un partenaire avec un tiers.

– Quiz –

1 – Financièrement, les partenaires pacsés sont :

- ☐ A – solidaires des dettes contractées par l'un d'eux pour les besoins de la vie courante.
- ☐ B – solidaires des dettes pour tout achat à crédit ou emprunt contracté par l'un d'eux.
- ☐ C – solidaires des dettes personnelles contractées avant le pacs.

2 – Quel est le régime patrimonial du pacs ?

- ☐ A – Par défaut, le couple est soumis au régime de la séparation des biens.
- ☐ B – Par habitude, le couple peut choisir de se mettre au régime dissocié.
- ☐ C – Par choix, le couple peut opter pour le régime de l'indivision des biens.

3 – Comment peut-on rompre un pacs ?

- ☐ A – En se mettant d'accord.
- ☐ B – En se mariant.
- ☐ C – En mourant.

Réponses : 1, A ; 2, A et C ; 3, A, B et C.

d'avis à tenir sa promesse malgré tout. En France, le principe est à la liberté du mariage : un(e) fiancé(e) récalcitrant(e) ne peut être obligé(e) d'accepter l'échange des consentements.

Cependant, en cas de rupture des fiançailles, le droit français autorise la personne lésée à demander réparation du préjudice subi, à condition de prouver que les circonstances particulières de la rupture constituent une faute dommageable selon le droit commun de la responsabilité civile. Selon la jurisprudence, il y a faute lorsqu'il y a caprice ou légèreté, rupture imprévisible et avec grossièreté, ou rupture imprévisible et tardive. En revanche, il n'y a pas faute lorsque la rupture (même tardive) est provoquée par une faute antérieure du fiancé délaissé.

La réparation demandée peut concerner un préjudice matériel (dépenses engagées en vue du mariage) ou un préjudice moral (troubles psychologiques suite à la rupture, atteinte à la réputation, etc.). Quant à la bague, il faut en principe la rendre...

Article 1088 du Code civil

« Toute donation faite en faveur du mariage sera caduque si le mariage ne s'ensuit pas. »

La question du courtage matrimonial

Le courtage matrimonial consiste à ce qu'un professionnel serve d'intermédiaire entre deux personnes et organise leur rencontre en vue d'un mariage éventuel. En pratique, ce courtier matrimonial est tout simplement un professionnel disposant d'un fichier de clients qui propose d'organiser des rencontres entre ceux dont les profils paraissent compatibles.

La réglementation de cette profession a été abrogée par une ordonnance de 2016, mais quelques règles demeurent applicables : le courtage matrimonial ne doit pas déroger aux lois qui intéressent l'ordre public ou les bonnes mœurs, par exemple, en proposant des mises en relation pour des relations sexuelles sans lendemain. L'objectif doit toujours être le mariage (ou au moins une union stable), sans quoi on parle de proxénétisme – lequel est illégal.

– Quiz –

1 – Quel est le lien juridique entre les fiancés ?

- □ A – Ils se sont faits une promesse qu'ils doivent tenir sous peine de poursuites.
- □ B – Il n'y a pas de lien juridique entre les futurs époux.
- □ C – Ils doivent respecter les devoirs et obligations liés à la vie maritale.

2 – Quel texte reconnaît le mariage comme une liberté fondamentale ?

- □ A – La Charte des droits fondamentaux de l'Union européenne.
- □ B – La Convention européenne des droits de l'homme.
- □ C – La jurisprudence de la République française.

3 – Qu'est-ce qu'une clause de viduité ?

- □ A – Une clause qui interdit de se marier.
- □ B – Une clause qui interdit de divorcer.
- □ C – Une clause qui interdit de se remarier.

Réponses : 1, B ; 2, A, B et C ; 3, C.

✪ CONSEIL DE COACH ✪

ⓘ Faites de l'exercice!

Sans parler de sport intensif, faire de l'exercice régulièrement contribue à améliorer le fonctionnement du cerveau et la neurogenèse grâce à une meilleure circulation sanguine et une oxygénation plus efficace. Cela signifie que chaque fois que vous faites du sport, vous créez de nouvelles cellules cérébrales! Or ce sont ces cellules cérébrales qui vous permettent de mieux vous concentrer, d'apprendre plus facilement, de réviser plus efficacement, etc.

En outre, en donnant au cerveau la possibilité de se concentrer sur autre chose que l'apprentissage, vous lui permettez d'analyser les informations qui lui ont été transmises au préalable.

Enfin, le sport permet de libérer de la dopamine, une hormone qui facilite la transmission des informations nerveuses et donc le fonctionnement du cerveau.

Et au-delà de votre matière grise, votre corps vous remerciera à long terme de le maintenir en bonne santé!

✪ CONSEIL DE COACH ✪

ⓘ Faut-il ranger votre ordinateur pendant les cours ?

Des recherches publiées en 2017 par Susan Ravizza et ses collègues de l'université d'État du Michigan démontrent que les ordinateurs portables n'améliorent pas l'apprentissage ni la prise de notes, et qu'il serait peut-être préférable de les laisser à la maison pendant les cours.

En effet, bien que l'utilisation d'un ordinateur puisse être rassurante et sembler plus pratique (surtout quand on a un cours à rattraper pour cause de grasse matinée !), le fait est que la tentation est forte de faire autre chose pendant le cours... L'usage des réseaux sociaux, des vidéos YouTube et des messageries instantanées prend souvent le pas sur la prise de notes.

Cette distraction auto-infligée n'est pas sans conséquences : l'étude de Susan Ravizza démontre que les étudiants gaspillent aisément 40 % du temps de classe. Et plus ils sont en ligne, plus leurs notes ont tendance à en pâtir...

FICHE N° 4

La liberté matrimoniale

En droit français, l'institution du mariage vient consacrer l'union entre deux personnes ayant pour but la solidarité réciproque basée sur l'affection mutuelle. Historiquement, le mariage est un pilier de la société, au point qu'il est devenu une liberté fondamentale.

La liberté du mariage : une liberté fondamentale

En droit français, la liberté de se marier est considérée comme une liberté fondamentale. On en trouve aussi bien la preuve dans le droit positif à l'échelle européenne et internationale que dans la jurisprudence. En effet, dans une ordonnance de référé du 9 juillet 2014, le Conseil d'État ordonne la délivrance d'un visa d'entrée en France à un ressortissant étranger afin de lui permettre de venir se marier dans notre pays, en invoquant « la liberté de se marier, laquelle est une liberté fondamentale ».

Article 9 de la Charte des droits fondamentaux de l'Union européenne

« Le droit de se marier et le droit de fonder une famille sont garantis selon les lois nationales qui en régissent l'exercice. »

Article 12 de la Convention européenne des droits de l'homme

« À partir de l'âge nubile, l'homme et la femme ont le droit de se marier et de fonder une famille selon les lois nationales régissant l'exercice de ce droit. »

Ainsi, même si certains contrats prévoient une clause de non-convol qui interdit le mariage (clause de célibat) ou le remariage (clause de viduité), ces clauses sont considérées comme nulles car attentatoires à un droit fondamental de la personnalité, sauf à pouvoir justifier de raisons impérieuses évidentes (ce qui n'est pas... évident).

Bien sûr, cela ne signifie pas que le mariage est libre de toute règle : il faut respecter certaines conditions de fond et certaines conditions de forme (voir la fiche suivante), par exemple le fait d'être majeur et consentant, de ne pas épouser un proche, etc.

Enfin, il est utile de préciser que la liberté du choix du conjoint est la règle en France : chacun est libre de choisir celui ou celle qui sera son époux et nul ne peut épouser quelqu'un d'autre sous la contrainte. Cela étant, d'un point de vue sociologique, n'importe qui n'épouse pas n'importe qui... puisque n'importe qui ne rencontre pas n'importe qui !

Les fiançailles (et la rupture des fiançailles)

Les fiançailles représentent une promesse que se fait le couple de se prendre pour époux. Formellement, elles ne sont pas prévues par le Code civil, ce qui signifie qu'il n'y a pas de lien juridique entre les futurs époux à ce stade. On ne peut donc pas contraindre celui ou celle qui changerait

FICHE N° 5

La formation du mariage

Le droit civil étant une matière vivante, les conditions à remplir pour se marier ont évolué au cours du temps et les exigences légales ont été assouplies. Néanmoins, il faut toujours respecter des conditions de fond et des conditions de forme pour contracter un mariage.

Les conditions de fond

Première remarque : si la condition de différence de sexe a longtemps fait débat et que la version initiale du Code civil de 1804 ne prévoyait pas explicitement la condition de différence de sexes car cela allait de soi à l'époque, la loi n° 2013-404 du 17 mai 2013 ouvrant le mariage aux couples de personnes de même sexe a légalisé le mariage homosexuel, dit « mariage pour tous ».

Deuxième remarque : durant très longtemps, l'âge requis pour se marier a été différent en fonction du sexe, puisqu'il était de 15 ans pour les femmes et 18 ans pour les hommes. Depuis la loi du 4 avril 2006, l'âge légal du mariage est de 18 ans pour tout le monde. Seul le procureur de la République peut accorder une dérogation si des motifs suffisamment graves le justifient.

Article 144 du Code civil

« Le mariage ne peut être contracté avant dix-huit ans révolus. »

Article 145 du Code civil

« Néanmoins, il est loisible au procureur de la République du lieu de célébration du mariage d'accorder des dispenses d'âge pour des motifs graves. »

Troisième remarque : si un certificat médical prénuptial était naguère obligatoire pour le mariage civil, ce n'est plus le cas depuis le 1er janvier 2008. Cependant, il reste possible de le faire afin d'obtenir un bilan médical, une prévention obstétricale et l'information des futurs époux (grossesse, contraception, maladies sexuellement transmissibles, hygiène de vie).

Ces précisions étant faites, voyons les autres conditions nécessaires pour pouvoir contracter un mariage :

- Les intéressé(e)s doivent consentir tous les deux au mariage, de façon sincère et non viciée, c'est-à-dire en présence des facultés mentales et en l'absence de contrainte ou d'erreur sur les qualités essentielles du conjoint.
- Les intéressé(e)s ne doivent pas être lié(e)s par un précédent mariage (la polygamie est interdite en France sous peine de nullité absolue).
- Le mariage entre des personnes dont les liens de parenté ou d'alliance sont proches est prohibé, c'est-à-dire qu'on ne peut se marier entre ascendants et descendants, entre frères et sœurs, entre adoptant et adopté, etc.

Article 146

« Il n'y a pas de mariage lorsqu'il n'y a point de consentement. »

Article 147

« On ne peut contracter un second mariage avant la dissolution du premier. »

Les conditions de forme

Outre les conditions de fond, le mariage, parce qu'il est un acte juridique, requiert certaines conditions de forme, c'est-à-dire de procédure. Ainsi, avant l'organisation du mariage, les futurs époux doivent remettre une copie de leur acte de naissance et justifier de leur identité auprès de la mairie, suite à quoi l'officier d'état civil peut convoquer les futurs époux à un entretien afin de détecter une fraude éventuelle au mariage (ce qui, soyons honnêtes, se produit assez rarement).

Ensuite, avant la célébration du mariage, l'officier d'état civil procède à la publicité du mariage via la publication des bans : l'affiche comporte l'identité des deux époux et les date et lieu de célébration. Ces bans doivent être publiés pendant une durée de dix jours et imposent la célébration du mariage dans un délai d'un an.

Enfin, pour que le mariage soit valide, il faut que les futurs époux réaffirment leur consentement en présence de témoins, lors d'une célébration de mariage suivant un rituel prévu par la loi. Le mariage doit avoir lieu dans la commune où l'un des époux réside ou travaille depuis au moins un mois, ou dans une commune où les époux peuvent justifier d'un intérêt familial (résidence des parents, par exemple).

Quelle sanction si on ne respecte pas les conditions ?

Si ces conditions ne sont pas réunies cumulativement, le mariage est réputé nul, c'est-à-dire qu'il est considéré comme n'ayant jamais eu lieu.

– Quiz –

1 – Choisissez trois conditions nécessaires pour contracter un mariage.

☐ A – Le certificat prénuptial, le consentement, le contrat de mariage.
☐ B – La majorité, le consentement, l'absence de lien de parenté.
☐ C – Le consentement, le contrat de mariage, l'absence de lien de parenté.

2 – Quel est l'âge légal du mariage en France ?

☐ A – 15 ans.
☐ B – 18 ans.
☐ C – 15 ans pour les filles, 18 ans pour les garçons.

3 – Qu'est-ce que la publication des bans ?

☐ A – La promotion du mariage via une publicité comportant l'identité des deux époux et les date et lieu de célébration.
☐ B – L'officialisation du mariage via une affiche précisant l'identité des deux époux et les date et lieu de célébration.
☐ C – La publicité du mariage via une affiche comportant l'identité des deux époux et les date et lieu de célébration.

Réponses : 1, B ; 2, B ; 3, C.

✪ CONSEIL DE COACH ✪

ⓘ Une technique pour lire plus vite (et plus efficacement)

L'une des activités incontournables des études de droit est la lecture : lecture des cours, des manuels, des fiches de TD, des arrêts à étudier, etc. Dès lors, lire plus vite et plus efficacement est un sacré avantage.

Sans entrer dans les techniques complexes de lecture rapide, il suffit tout simplement de lire en s'aidant d'un pointeur (un stylo ou son doigt). À force de lire beaucoup, en effet, on peine à se concentrer et à retenir les informations consultées. Utiliser un pointeur aide à se concentrer par le fait qu'on regarde un point qui défile plutôt que dans le vide.

En facilitant la concentration, on favorise la compréhension... et donc la mémorisation.

FICHE N° 6

Les effets personnels du mariage

Le mariage produit plusieurs effets personnels sur les époux, qui tiennent à la fois à leur statut individuel et à leurs droits et devoirs réciproques ; il leur confie également deux missions conjointes.

Le statut individuel des époux

Chaque époux conserve son nom de famille, mais le mariage confère aussi à chacun d'eux le droit d'user du nom de l'autre pendant la durée du mariage. En principe, ce droit d'usage cesse en cas de divorce, sauf autorisation spéciale du conjoint ou du tribunal, si un intérêt particulier le justifie (par exemple en cas d'exercice d'une profession sous ce nom avant le divorce).

Article 225-1 du Code civil

« Chacun des époux peut porter, à titre d'usage, le nom de l'autre époux, par substitution ou adjonction à son propre nom dans l'ordre qu'il choisit. »

Par ailleurs, dans le cas d'un mariage entre une personne de nationalité française et une personne de nationalité étrangère, le mariage offre à l'époux étranger la faculté d'acquérir la nationalité française, sous réserve de remplir certaines conditions (deux ans de mariage et la résidence ininterrompue du demandeur en France depuis, persistance d'une communauté de vie tant affective que matérielle, connaissance suffisante de la langue française).

Hormis cette possibilité, le mariage donne à l'époux étranger non installé sur le sol français le droit d'obtenir une carte de résident, au nom du droit au regroupement familial.

Les droits et les devoirs réciproques des époux

Les époux sont réciproquement tenus l'un envers l'autre de respecter cinq devoirs d'ordre personnel :

- La fidélité (interdiction aux époux d'entretenir une relation amoureuse, consommée ou non, avec un tiers) ;
- L'assistance et le secours (entraide matérielle et morale au quotidien, a fortiori face aux graves difficultés de l'existence que sont le chômage, le deuil, la maladie, etc.) ;
- La communauté de vie (communauté de lit et de toit) ;
- Le respect de l'autre (pas d'atteinte à sa dignité ni à son intégrité, tant corporelle que morale).

Article 212 du Code civil

« Les époux se doivent mutuellement respect, fidélité, secours, assistance. »

Les missions conjointes des époux

Du fait de leur mariage, deux missions incombent aux époux de façon égale (il est à noter que jusqu'en 1970, ces missions incombaient uniquement au mari).

La première mission des époux consiste à assurer conjointement la direction morale et matérielle de la famille. Cela englobe des décisions allant du choix du lieu de résidence de la famille à la définition des règles de la vie familiale, en passant par l'arbitrage des investissements et achats divers.

La seconde mission des époux est de pourvoir à l'éducation de leurs enfants, de les nourrir, de les soigner et de préparer leur avenir.

Article 203 du Code civil

« Les époux contractent ensemble, par le fait seul du mariage, l'obligation de nourrir, entretenir et élever leurs enfants. »

Article 213 du Code civil

« Les époux assurent ensemble la direction morale et matérielle de la famille. Ils pourvoient à l'éducation des enfants et préparent leur avenir. »

– Quiz –

1 – Quel nom peut porter un époux ?

- □ A – Son propre nom.
- □ B – Celui de son époux.
- □ C – Les deux noms.

2 – Quels sont les cinq devoirs du mariage ?

- □ A – Respect, fidélité, amour, assistance, communauté de vie.
- □ B – Respect, fidélité, secours, assistance, communauté de vie.
- □ C – Respect, honnêteté, secours, assistance, communauté de vie.

3 – Laquelle de ces missions est confiée aux époux par la loi ?

- □ A – Faire des enfants.
- □ B – S'aimer pour le meilleur et pour le pire.
- □ C – La direction morale et matérielle de la famille.

Réponses : 1, A, B et C ; 2, B ; 3, C.

✪ CONSEIL DE COACH ✪

ⓘ L'importance du sommeil

Le sommeil se décompose en phases, dont chacune a une utilité bien spécifique. Certaines phases permettent de régénérer le corps après un effort physique alors que d'autres sont plus utiles au processus de mémorisation (pendant ces dernières, le corps est au repos, mais le cerveau tourne à plein régime).

En effet, pendant que l'on dort, le cerveau récupère les données apprises et les passe en revue, ce qui facilite leur inscription dans la mémoire à long terme. La nuit, le cerveau consolide ainsi ce qui a été appris, d'où l'intérêt de relire un cours peu avant l'heure du coucher.

Les recherches vont toutes dans le même sens : pour mémoriser, il faut dormir. Les informations nouvellement acquises restent fragiles jusqu'à ce qu'il y ait une période de sommeil.

Il a été démontré que suite à un apprentissage complexe, les restitutions étaient meilleures après une nuit de sommeil que juste après l'apprentissage, sauf si l'on prive le sujet de sommeil paradoxal.

Les performances augmentent même après trois nuits de sommeil (la première nuit étant toutefois la plus décisive pour fixer les informations en mémoire à long terme). Il est donc important d'anticiper ses révisions et de ne pas s'y prendre à la dernière minute.

FICHE N°7

Les effets patrimoniaux du mariage

La loi a prévu différents régimes matrimoniaux parmi lesquels les époux peuvent choisir. Mais indépendamment de ce régime matrimonial, la loi impose certaines règles dans la gestion matérielle du ménage afin de protéger les intérêts de chacun.

Les régimes matrimoniaux

Le régime matrimonial légal est celui de la communauté réduite aux acquêts ; il s'applique systématiquement aux époux qui ne choisissent pas de régime matrimonial particulier par contrat de mariage. Dans ce régime, les biens du couple sont répartis en trois catégories : les biens propres de l'époux n° 1, les biens propres de l'époux n° 2 et les biens communs au couple (qu'on appelle « les acquêts »).

Les biens propres sont ceux possédés avant le mariage ou reçus pendant celui-ci par héritage ou donation, tandis que les biens communs sont constitués progressivement par les biens acquis par l'un ou l'autre des époux depuis le jour du mariage.

Article 1401 du Code civil

« La communauté se compose activement des acquêts faits par les époux ensemble ou séparément durant le mariage, et provenant tant de leur industrie personnelle que des économies faites sur les fruits et revenus de leurs biens propres. »

Article 1405, alinéa 1 du Code civil

« Restent propres les biens dont les époux avaient la propriété ou la possession au jour de la célébration du mariage, ou qu'ils acquièrent, pendant le mariage, par succession, donation ou legs. »

Si ce régime légal ne convient pas aux époux, ils peuvent signer un contrat de mariage devant notaire et opter pour un des trois régimes conventionnels suivants :

- Le régime de la communauté universelle, qui prévoit que tous les biens du couple sont des biens communs (même ceux possédés avant le mariage ou ceux reçus par donation ou succession) ;
- Le régime de séparation de biens, qui prévoit que chaque époux gère personnellement ses biens (à noter que le choix de ce régime ne dispense pas de contribuer aux charges du ménage en fonction de ses possibilités) ;
- Le régime de la participation aux acquêts, qui prévoit que, pendant le mariage, tout fonctionne comme si les époux étaient séparés de biens, mais en cas de dissolution du mariage, chacun reçoit la moitié de l'enrichissement réalisé par l'autre pendant le temps du mariage (c'est un régime très peu utilisé).

La gestion pécuniaire et matérielle du ménage

Au cours du mariage, on considère que chaque époux peut disposer des biens meubles détenus individuellement par l'un des époux (à l'exception des meubles meublant la résidence de la famille). Si cette disposition peut sembler surprenante, elle s'explique par la finalité poursuivie : protéger le tiers qui ne contracterait qu'avec un seul des époux.

De même, le législateur impose une solidarité des époux pour les dettes contractées par l'un d'eux (à condition que la dépense ait pour objet l'entretien du ménage ou l'éducation des enfants). Cette solidarité est exclue pour les emprunts importants, les achats payables par fraction (achats à crédit) et les dépenses manifestement excessives (eu égard au train de vie du ménage).

Article 1421, alinéa 1 du Code civil

« Chacun des époux a le pouvoir d'administrer seul les biens communs et d'en disposer, sauf à répondre des fautes qu'il aurait commises dans sa gestion. Les actes accomplis sans fraude par un conjoint sont opposables à l'autre. »

Enfin, concernant la gestion matérielle du ménage, une protection particulière existe concernant le logement familial : individuellement, les époux ne peuvent pas disposer des droits par lesquels est assuré le logement de la famille ni du mobilier qui s'y trouve, sous peine de nullité de l'acte. Ainsi, vous n'avez pas le droit de vendre la résidence de la famille pendant que votre époux est parti en voyage d'affaires sans son accord.

Article 215, alinéa 3 du Code civil

« Les époux ne peuvent l'un sans l'autre disposer des droits par lesquels est assuré le logement de la famille, ni des meubles meublants dont il est garni. Celui des deux qui n'a pas donné son consentement à l'acte peut en demander l'annulation : l'action en nullité lui est ouverte dans l'année à partir du jour où il a eu connaissance de l'acte, sans pouvoir jamais être intentée plus d'un an après que le régime matrimonial s'est dissous. »

– Quiz –

1 – Quel est le régime matrimonial légal ?

☐ A – La participation aux acquêts.
☐ B – La communauté réduite aux acquêts.
☐ C – La séparation de biens.

2 – Que sont les acquêts ?

☐ A – Les biens acquis par les époux avant le mariage.
☐ B – Les biens acquis par les époux en dehors du mariage.
☐ C – Les biens acquis par les époux pendant le mariage.

3 – Quelle proposition est un cas limite à la solidarité des époux pour les dettes contractées par l'un d'eux ?

☐ A – Les dettes contractées pour l'entretien du ménage ou l'éducation des enfants.
☐ B – Les dettes contractées pour l'équipement du foyer.
☐ C – Les dettes contractées pour un achat payable en douze mensualités.

Réponses : 1, B ; 2, C ; 3, C.

✪ CONSEIL DE COACH ✪

ⓘ **Est-il utile de faire des fiches pour réviser ?**

Pour réviser facile et travailler utile, ne cherchez pas à réinventer l'eau tiède : faites des fiches.

Peut-être en avez-vous déjà fait au collège ou au lycée ? Eh bien, continuez, mais apprenez à bien procéder. En un mot comme en cent : élaguez !

C'est là la principale compétence que vous allez développer au cours de vos études de droit. Après votre licence, voire après votre master, vous ne serez peut-être pas (pardon : sans doute pas) le plus brillant des juristes, mais vous aurez une compétence (assez) rare, celle de savoir trouver une information dans une masse de documents.

Alors ne perdez pas de temps, entraînez-vous dès maintenant !

FICHE N° 8

La séparation de fait

La séparation de fait désigne la situation dans laquelle deux époux qui n'ont pas divorcé vivent séparément, ce qui peut se produire pour deux raisons : soit les deux époux ont décidé de ne plus vivre ensemble, soit l'un des deux a quitté le domicile conjugal. Il s'agit d'une situation de fait qui n'est pas régie par la loi, ce qui ne veut pas dire qu'elle n'a aucune valeur juridique. Dans le silence du Code civil, c'est la jurisprudence qui en a défini les contours et les conséquences.

La constitution de la séparation de fait

Sans intervention du juge ni modalité d'aucune sorte, la séparation de fait est réglée par les époux eux-mêmes. Qu'elle soit convenue par les époux ou que l'un des époux l'impose à l'autre, la séparation de fait n'exonère pas du respect des obligations du mariage et n'a aucune incidence sur l'exercice de l'autorité parentale. Par exemple, l'accès au domicile conjugal doit rester libre à l'époux vivant en dehors.

Quand la décision de la séparation de fait est commune aux deux époux, on considère qu'il s'agit d'une situation convenue : les modalités de la vie familiale établies par les époux (oralement ou aux termes d'une convention écrite) s'appliquent tant que les époux restent d'accord. En cas de désaccord, les époux doivent saisir le juge aux affaires familiales (JAF) qui réglera les modalités de la cessation de leur vie commune ; il s'agit alors d'une séparation judiciaire.

Quand la séparation est due au départ de l'un des époux du domicile conjugal sans accord de son conjoint, on parle d'une séparation de fait non convenue. Pour éviter tout contentieux ultérieur en cas de divorce, il est conseillé à l'époux quittant le domicile conjugal d'adresser à l'autre un courrier l'informant de son adresse et de ses propositions pour organiser la vie des enfants. En effet, la séparation de fait est contraire à la loi du mariage qui impose aux époux de cohabiter, même s'ils peuvent avoir un domicile distinct en vertu de l'article 108 du Code civil.

Article 215, alinéa 1 du Code civil

« Les époux s'obligent mutuellement à une communauté de vie. »

Article 108, alinéa 1 du Code civil

« Le mari et la femme peuvent avoir un domicile distinct sans qu'il soit pour autant porté atteinte aux règles relatives à la communauté de la vie. »

Les conséquences de la séparation de fait

Même si elle n'est pas envisagée par le Code civil, la séparation de fait entraîne plusieurs conséquences juridiques sérieuses, concernant à la fois un éventuel divorce et les situations patrimoniale et fiscale des époux.

Ainsi, quand la séparation est effective depuis deux années au moins, un époux peut demander le divorce pour altération définitive du lien conjugal. En cas de rejet du divorce, le juge peut organiser une séparation de fait entre les époux (on parle alors de séparation judiciaire).

Article 258 du Code civil

« Lorsqu'il rejette définitivement la demande en divorce, le juge peut statuer sur la contribution aux charges du mariage, la résidence de la famille et les modalités de l'exercice de l'autorité parentale. »

Par ailleurs, la séparation de fait permet de demander le report de la dissolution de la communauté dans les effets entre les époux : la date de la séparation est alors prise en compte pour la composition des patrimoines de chacun lors des opérations de liquidation du régime.

Article 262-1, alinéa 5 du Code civil

« À la demande de l'un des époux, le juge peut fixer les effets du jugement à la date à laquelle ils ont cessé de cohabiter et de collaborer. »

Article 1442 du Code civil

« Les époux peuvent, l'un ou l'autre, demander, s'il y a lieu, que, dans leurs rapports mutuels, l'effet de la dissolution soit reporté à la date où ils ont cessé de cohabiter et de collaborer. »

Enfin, l'imposition fiscale distincte des époux est accordée de plein droit lorsque les époux sont mariés sous le régime de la séparation des biens ou de la participation aux acquêts, à compter de la séparation de fait.

Article 6-4 du Code général des impôts

« Les époux font l'objet d'impositions distinctes lorsqu'ils sont séparés de biens et ne vivent pas sous le même toit. »

Pour faire valoir ces droits, il est indispensable de formaliser la décision de séparation de fait et ses modalités dans un document écrit signé par les deux époux, en précisant notamment les modes d'organisation au quotidien : paiement d'une pension, règlement des emprunts en cours, etc. En effet, les époux étant toujours mariés vis-à-vis des tiers, ils doivent tous les deux poursuivre leur contribution aux charges du mariage.

– Quiz –

1 – Qu'est-ce qu'une séparation de fait non convenue ?

- ☐ A – Une séparation due au départ d'un des époux du domicile conjugal avec accord de son conjoint.
- ☐ B – Une séparation due au départ d'un des époux du domicile conjugal sans accord de son conjoint.
- ☐ C – Une séparation due au départ des deux époux du domicile conjugal sans accord du juge.

2 – Quelle proposition est fausse ?

- ☐ A – La séparation de fait n'exonère pas du respect des obligations du mariage.
- ☐ B – La séparation de fait n'a aucune incidence sur l'exercice de l'autorité parentale.
- ☐ C – La séparation de fait est assimilable à une rupture des liens du mariage.

3 – Quel(s) droit(s) donne la séparation de fait ?

- ☐ A – On peut demander le report de la dissolution de la communauté dans les effets entre les époux.
- ☐ B – Au bout de deux ans, on peut demander le divorce pour altération définitive du lien conjugal.
- ☐ C – On peut s'affranchir des obligations de respect, fidélité, secours et assistance.

Réponses : 1, B ; 2, C ; 3, A et B.

✪ CONSEIL DE COACH ✪

ⓘ Quelles réorientations et passerelles après la L1 ?

Si vous êtes inscrit en L1 de droit mais que vous ne supportez plus la beauté subtile de la Constitution ni les charmes cachés du Code civil, il ne sert à rien de souffrir plus longtemps ! De nombreux étudiants changent d'orientation dès la fin du premier semestre ou à l'issue de la L1, et ce n'est pas un drame, d'autant que de nombreuses possibilités de réorientation existent.

La plupart des universités proposent des passerelles internes pour changer de filière à l'issue du premier semestre ou de la première année. Si le droit vous étouffe, sautez sur l'occasion pour repartir du bon pied en histoire ou en gestion (ou dans toute autre filière de votre choix).

Par contre, veillez à bien vous renseigner sur les modalités de cette arabesque latérale. Il est parfois nécessaire de valider vos examens du premier semestre, voire de la L1, pour obtenir le droit de changer de filière, ou bien il vous sera demandé de valider le premier semestre au rattrapage, etc.

Et autant vous le dire tout de suite : si le motif de votre réorientation est une accumulation de 0 en TD et une moyenne de 3/20 aux partiels, il y a peu de chances que la commission de réorientation accède à votre demande...

FICHE N° 9

La séparation de corps

La séparation de corps permet aux époux de rester mariés mais de ne plus vivre ensemble ; elle entraîne automatiquement la séparation de biens, quel que soit le régime matrimonial choisi par les époux.

La séparation de corps peut intervenir de quatre façons :

- Par consentement mutuel (les deux époux en font la demande) ;
- Sur demande acceptée (un époux demande, l'autre accepte) ;
- Pour faute (sur demande d'un époux et décision du juge) ;
- Pour rupture de la vie commune (sur demande d'un époux et décision du juge).

La procédure de la séparation de corps

L'époux ou les époux souhaitant obtenir la séparation de corps doivent s'adresser au juge aux affaires familiales (JAF) du tribunal de grande instance de leur lieu de résidence, par le biais d'un avocat. La requête doit contenir les demandes formées au titre des mesures provisoires (pension alimentaire, attribution de la jouissance du logement, etc.) et un exposé sommaire de leurs motifs.

En revanche, la requête qui comporte une motivation est irrecevable ; elle ne doit donc pas indiquer le fondement juridique de la demande ni les faits à l'origine de celle-ci.

Après réception de la demande, le juge aux affaires familiales convoque les époux et tente de les réconcilier. En absence de réconciliation, il prend les mesures provisoires nécessaires à la vie des époux et des enfants pendant la durée de la procédure de séparation de corps. Il peut par exemple :

- Attribuer à l'un des époux la jouissance du logement ;
- Statuer sur les modalités de la résidence séparée ;
- Fixer la pension alimentaire ;
- Proposer une mesure de médiation auprès d'un médiateur.

À l'issue de cette audience, le juge rend une ordonnance de non-conciliation, qui permet d'engager l'instance en divorce (voir la fiche suivante).

La demande de séparation de corps peut être remplacée par une demande en divorce (mais pas l'inverse). Si une demande de séparation de corps et une demande en divorce sont déposées simultanément devant le juge aux affaires familiales, celui-ci examine en premier la demande en divorce. Si les conditions sont réunies, le divorce est prononcé ; si les conditions ne sont pas réunies, le juge examine la demande de séparation de corps.

Les conséquences de la séparation de corps

Concernant les époux, la date d'effet de la séparation de corps correspond au jour où le jugement a acquis force de chose jugée, c'est-à-dire le moment où le jugement n'est plus susceptible de recours (parce que les recours ont été épuisés ou que les délais sont expirés). Néanmoins, à la demande de l'un des époux, le juge peut fixer les effets du jugement à la date à laquelle ils ont cessé de cohabiter (voir la fiche précédente sur la séparation de fait).

Concernant les tiers, le jugement leur devient opposable à compter du jour où les formalités de mention à l'état civil ont été effectuées.

Au premier chef des conséquences de la séparation de corps, les époux restent mariés mais cessent de vivre ensemble. De plus, puisque la séparation de corps entraîne toujours la séparation des biens, les époux mariés sous un régime de communauté devront procéder à la liquidation du régime matrimonial (qui s'effectue devant un notaire) et le juge aux affaires familiales doit décider de l'attribution du logement familial ainsi que du lieu de résidence des enfants, le cas échéant.

En cas de grossesse pendant la séparation de corps, la présomption de paternité est écartée du fait de l'absence de cohabitation.

En revanche, puisque les époux restent mariés, les autres obligations nées du mariage subsistent (le devoir de fidélité, le devoir de secours et le devoir d'assistance), ce qui a plusieurs implications :

- Les époux ne peuvent pas se marier ou conclure un pacs (devoir de fidélité).
- Un époux peut avoir à verser une pension alimentaire à son conjoint (devoir de secours).
- Chaque époux conserve l'usage du nom de l'autre (toutefois, si l'un des époux en fait la demande, le juge aux affaires familiales peut l'interdire).
- Si l'un des époux décède, l'époux survivant conserve les droits à la succession prévus par la loi.

La fin du régime de séparation

Le régime de la séparation de corps cesse si les époux reprennent la vie commune, s'ils divorcent ou si l'un d'entre eux décède. Dans le premier cas, la séparation de biens sera maintenue, sauf si le couple choisit un autre régime matrimonial.
À l'égard des tiers, pour avoir une valeur juridique, la reprise de vie commune doit être constatée par un notaire ou déclarée à l'officier d'état civil de la mairie dont dépend le domicile familial des époux.

– Quiz –

1 – Quel est le juge compétent pour la séparation de corps ?

- ☐ A – Le juge aux affaires civiles.
- ☐ B – Le juge aux affaires familiales.
- ☐ C – Le juge aux affaires sociales.

2 – De quelles façons peut intervenir la séparation de corps ?

- ☐ A – Par consentement mutuel, sur demande acceptée, pour faute.
- ☐ B – Par consentement mutuel, sur demande acceptée, pour rupture de la vie commune.
- ☐ C – Par consentement mutuel, pour faute, pour rupture de la vie commune.

3 – Quelles sont les conséquences de la séparation de corps ?

- ☐ A – Un époux peut avoir à verser une pension alimentaire à son conjoint.
- ☐ B – Un époux peut conserver l'usage du nom de l'autre.
- ☐ C – Les époux ne peuvent pas se marier ou conclure un pacs.

Réponses : 1, B ; 2, A, B et C ; 3, A, B et C.

✪ CONSEIL DE COACH ✪

ⓘ Comment préparer les TD ?

Nous sommes tous arrivés un jour en TD en n'ayant *absolument* rien foutu. Ce n'est pas si grave, mais il ne faut pas que ça devienne la norme.

Le reste du temps, vous contenter de parcourir votre fascicule et de chercher un mot dans le dico n'est pas suffisant : il faut mobiliser vos connaissances autour des textes à étudier. Essayez de lier les documents au cours magistral, par exemple en faisant le lien entre un auteur et un autre, entre un article et un autre, entre une jurisprudence et une autre... Le but est d'identifier l'ensemble des questions juridiques se rapportant au thème du jour.

Pourquoi faire cela ? Parce qu'en (vous) posant les bonnes questions, il sera facile d'obtenir les bonnes réponses !

FICHE N° 10

Le divorce

Au-delà d'une séparation de fait ou de la séparation de corps, les époux peuvent souhaiter mettre un terme définitif à leur mariage et entamer une procédure de divorce. En fonction des intentions des époux, il peut s'agir d'une procédure non contentieuse ou d'une procédure contentieuse (voir les fiches suivantes) ; dans les deux cas, le résultat est la dissolution du mariage, ce qui n'est pas sans conséquences.

Les effets du divorce vis-à-vis des époux

Contrairement à une idée répandue, la date des effets du divorce n'est pas fixée au jour du prononcé du divorce par le juge aux affaires familiales (JAF).

En cas de divorce par consentement mutuel (divorce non contentieux), la date des effets du divorce est fixée soit au jour de l'homologation de la convention réglant l'ensemble des conséquences du divorce chez un notaire, soit par la convention de divorce conclue par acte sous signature privée contresigné par les avocats (les époux peuvent de cette manière choisir la date de dissolution de leur mariage).

Pour les autres types de divorce (contentieux), la date des effets du divorce est fixée à la date de l'ordonnance de non-conciliation, mais le juge (à la demande d'un des époux lors de l'action en divorce) peut également fixer la date au jour auquel les anciens époux ont cessé de cohabiter et de collaborer.

À partir de cette date, les ex-époux sont libérés des devoirs et obligations du mariage :

- Fin des devoirs de fidélité, secours et assistance.
- Fin de la solidarité pour les dettes ménagères.
- Fin de la qualité d'héritier en tant qu'époux.
- Fin de l'impossibilité de se pacser ou de se remarier.

Enfin, par principe, chaque ex-époux reprend son nom de famille après le divorce : ce dernier met fin aux effets du mariage, donc au nom d'usage. Il faut alors refaire les papiers d'identité auprès de la préfecture et indiquer l'abandon de votre nom d'usage auprès des différents organismes usuels : employeur, banques, assurances, fournisseurs de services, etc.

Cependant, un des époux peut conserver l'usage du nom de l'autre s'il justifie d'un intérêt particulier pour lui ou pour les enfants, soit en sollicitant l'accord de son ex-conjoint, soit en demandant l'autorisation du juge.

Article 264 du Code civil

« À la suite du divorce, chacun des époux perd l'usage du nom de son conjoint.
L'un des époux peut néanmoins conserver l'usage du nom de l'autre, soit avec l'accord de celui-ci, soit avec l'autorisation du juge, s'il justifie d'un intérêt particulier pour lui ou pour les enfants. »

Les effets du divorce vis-à-vis des tiers

Concernant les tiers, la date des effets du divorce leur devient opposable à compter du jour où les formalités de mention à l'état civil ont été effectuées. Ce principe ne souffre d'aucune exception. Ainsi, lorsqu'une dette ménagère a été contractée avant cette date, le paiement de la somme due peut être réclamé aux deux époux ; en revanche, si elle a été contractée après cette date, ce paiement ne peut plus être réclamé à l'ancien époux qui n'a pas contracté la dette.

Article 262 du Code civil

« La convention ou le jugement de divorce est opposable aux tiers, en ce qui concerne les biens des époux, à partir du jour où les formalités de mention en marge prescrites par les règles de l'état civil ont été accomplies. »

La prestation compensatoire

Si le divorce met fin à toutes les obligations du mariage, cela ne veut pas nécessairement dire que les ex-époux n'ont plus de lien financier. En effet, la prestation compensatoire est un dispositif qui permet d'effacer les déséquilibres financiers causés par le divorce dans les conditions de vie des ex-époux (par exemple, si un des époux gagne beaucoup plus d'argent que son conjoint, et que ce dernier voit son niveau de vie baisser radicalement après le divorce).

La demande doit être formée au cours de la procédure de divorce et le montant de la prestation peut être déterminé par les époux, mais en cas de désaccord, il est déterminé par le juge. Concernant les modalités de paiement, la prestation compensatoire peut être versée en capital (versement unique d'une somme d'argent), en rente (versée à terme ou viagère) ou par un mélange des deux. En cas de décès, le paiement de la prestation est prélevé sur la succession (les enfants apprécieront !).

Quelle différence entre la prestation compensatoire et une pension alimentaire ?

Une pension alimentaire est une aide financière versée à une personne envers laquelle on est tenu à une obligation de secours (enfant, parent, époux dont on est séparé) ; elle est payée chaque mois et son montant est révisable chaque année.
La prestation compensatoire, elle, a pour objet de compenser la baisse de niveau de vie consécutive à un divorce ; elle est donc seulement destinée à l'ex-époux.

– Quiz –

1 – Quand est-ce que la date des effets du divorce devient opposable aux tiers ?

- ☐ A – Le jour de l'ordonnance de non-conciliation.
- ☐ B – Le jour où les formalités de mention à l'état civil ont été effectuées.
- ☐ C – Le jour de l'homologation de la convention de divorce.

2 – Quid du nom d'usage après le divorce ?

- ☐ A – En principe, chacun reprend son nom de famille.
- ☐ B – Il est possible de conserver le nom d'usage.
- ☐ C – Il est impossible de garder le nom d'usage.

3 – Comment peut être versée la prestation compensatoire ?

- ☐ A – En capital.
- ☐ B – Sous forme de pension alimentaire.
- ☐ C – Sous forme de rente.

Réponses : 1, B ; 2, A et B ; 3, A et C.

✪ CONSEIL DE COACH ✪

ⓘ L'importance des titres dans vos copies

Lors des corrections, les chargés de TD et les profs ont de nombreuses copies à traiter : cela peut aller de quelques dizaines à plus d'une centaine... Par conséquent, un correcteur prenant connaissance de votre copie fait d'abord deux choses : il regarde si c'est globalement lisible ou si c'est un torchon, et il regarde à quoi ressemble votre plan en parcourant vos titres et sous-titres.

La formulation des titres est donc une étape importante de vos devoirs et vous devez viser plusieurs objectifs :

- Résumer en quelques mots le contenu de la partie abordée (le lecteur doit comprendre de quoi il est question en lisant uniquement les titres) ;
- Donner envie de lire la suite (le lecteur doit saisir l'enjeu ou la construction de votre démonstration en lisant les titres un par un) ;
- Dans l'idéal, faire sourire le correcteur (sans le faire rire) grâce à un trait d'humour ou un sens de la formule.

En revanche, il y a des choses à *ne pas* faire :

- Employer des verbes conjugués ou à l'infinitif ;
- Formuler le titre sous forme de question ;
- Utiliser la ponctuation (un titre n'est pas une phrase).

Enfin, n'oubliez pas de mettre vos titres en valeur en sautant des lignes ou en les soulignant. Plus ils seront faciles à identifier et à lire, plus votre correcteur sera dans de bonnes dispositions pour évaluer le reste de votre copie !

FICHE N° 11

Les divorces non contentieux

Il existe un type de divorce non contentieux : le divorce par consentement mutuel.

La procédure de divorce par consentement mutuel

Depuis le 1er janvier 2017, la loi de modernisation de la justice du XXIe siècle a simplifié le divorce par consentement mutuel, qui dans la majorité des cas ne se déroule plus devant le juge, mais uniquement en présence de deux avocats et d'un notaire.

Néanmoins, le divorce par consentement mutuel par un acte sous seing privé (contresigné par les avocats) ne peut se faire si un enfant mineur du couple marié demande à être auditionné par le juge ou si l'un des époux se trouve placé sous l'un des régimes des majeurs protégés (tutelle, curatelle ou sauvegarde de justice). C'est alors un jugement qui prononcera le divorce, et il faudra donc recourir à une procédure judiciaire.

La demande de divorce par consentement mutuel peut être faite si les époux sont d'accord sur le divorce et tous ses effets : partage des biens, autorité parentale, pension alimentaire et prestation compensatoire.

Dans le cas du divorce par consentement mutuel, aucune durée minimale de mariage n'est exigée et les époux n'ont pas à faire connaître les raisons du divorce ; ils doivent simplement s'adresser à leurs avocats respectifs afin de rédiger une convention de divorce.

La convention de divorce par consentement mutuel

Cette convention prend la forme d'un acte sous seing privé contresigné par chacun des avocats des époux, en trois exemplaires. Chaque époux conserve un original de la convention accompagnée de ses annexes et le troisième exemplaire est transmis au notaire dans un délai de sept jours suivant la date de la signature de la convention.

Le notaire contrôle ensuite si les éléments légaux apparaissent dans la convention (identité des époux, accord sur la rupture du mariage et sur ses effets, etc.) et si le délai de réflexion de quinze jours a bien été respecté.

La date d'effet du divorce par consentement mutuel

Le dépôt de la convention chez le notaire permet de conférer à la convention date certaine et force exécutoire, c'est-à-dire que la convention est applicable immédiatement. Néanmoins, les époux peuvent stipuler dans la convention que les conséquences du divorce prennent effet à une date différée.

– Quiz –

1 – Quelle est la durée minimale de mariage exigée pour divorcer par consentement mutuel?

□ A – Un an.
□ B – Trois ans.
□ C – Aucune durée.

2 – Qui signe la convention de divorce par consentement mutuel ?

□ A – Les époux.
□ B – Les avocats.
□ C – Le notaire.

3 – Quel type de divorce n'est pas nécessairement contentieux ?

□ A – Le divorce par consentement mutuel.
□ B – Le divorce pour faute.
□ C – Le divorce pour acceptation du principe de la rupture du mariage.

Réponses : 1, C ; 2, A et B ; 3, A.

✪ CONSEIL DE COACH ✪

ⓘ Respectez votre rythme biologique

Souvent, le matin, l'esprit est reposé et prêt à en découdre. C'est donc le moment idéal pour attaquer une séance de révisions ou la rédaction d'une dissertation à rendre en TD.

Après le repas de midi, le coup de fatigue guette, à cause de la digestion. Dans ce cas, une solution : la micro-sieste. Pas plus de vingt à trente minutes, sans quoi vous aurez du mal à émerger... En respectant ce temps de repos nécessaire, vous serez d'attaque pour reprendre les hostilités tout l'après-midi.

Enfin, certains sont du soir et parviennent à se concentrer après minuit. La difficulté, c'est qu'il faut quand même se lever le lendemain matin pour aller en cours ou passer ses examens ; il conviendra donc de dormir dans l'après-midi, quitte à diviser sa nuit en deux périodes de quatre heures.

Chacun doit trouver le rythme qui lui convient. Mais gardez une chose en tête : seul le sommeil permet de récupérer son énergie cérébrale et de retenir les apprentissages sur le long terme.

FICHE N° 12

Les divorces contentieux

Il existe trois types de divorces contentieux : le divorce pour faute, le divorce pour altération définitive du lien conjugal et le divorce pour acceptation du principe de la rupture.

Les trois types de divorces contentieux

Le divorce pour faute

Un des époux peut demander le divorce pour faute si son époux a commis une violation grave ou renouvelée des devoirs et obligations liés au mariage rendant intolérable le maintien de la vie commune, en cas d'abandon du domicile conjugal (devoir de communauté de vie), ou en cas de brutalité et d'injures (devoir de respect). Le demandeur doit prouver les faits invoqués à l'encontre de son époux en apportant la preuve par tous moyens : témoignages sous forme d'attestations écrites, correspondances, etc.

Le divorce pour altération définitive du lien conjugal

S'ils vivent séparés depuis au moins deux ans, les époux peuvent divorcer pour altération définitive du lien conjugal (voir la fiche sur la séparation de fait), sachant que le délai commence à courir à partir du moment où les époux sont séparés et prend fin au jour de l'assignation en divorce (et non de la requête initiale).

Le divorce pour acceptation du principe de la rupture du mariage

Si les époux sont d'accord pour divorcer mais ne parviennent pas à s'entendre sur les conséquences de la rupture (par exemple, sur le partage des biens du couple ou sur la garde des enfants), ils peuvent demander le divorce pour acceptation du principe de la rupture du mariage. La demande peut être faite par un époux ou par les deux.

La procédure de divorce contentieux

L'époux demandeur doit présenter une requête au juge aux affaires familiales (JAF) par le biais de son avocat. Cette requête doit contenir les demandes formées au titre des mesures provisoires (la pension alimentaire, l'attribution de la jouissance du logement, etc.) et un exposé sommaire de leurs motifs.

En revanche, la requête qui comporte une motivation est irrecevable ; elle ne doit donc indiquer ni le fondement juridique de la demande en divorce ni les faits à l'origine de celle-ci (puisqu'il ne s'agit pas d'un divorce pour faute ni d'un divorce pour altération définitive du lien conjugal).

À ce stade de la procédure, deux choses se produisent :

- Le juge convoque les époux et tente de les concilier (c'est une mesure obligatoire) ;
- Le juge peut ordonner des mesures d'urgence (modalités d'exercice de l'autorité parentale, contribution aux charges du ménage, etc.).

Ensuite, sauf en cas de réconciliation entre les époux, le juge prend les mesures provisoires nécessaires à la vie des époux et des enfants pendant la durée de la procédure de divorce. Il peut par exemple :

- Attribuer à l'un des époux la jouissance du logement ;
- Statuer sur les modalités de la résidence séparée ;
- Fixer la pension alimentaire ;
- Désigner un notaire pour la liquidation du régime matrimonial ;
- Proposer une mesure de médiation auprès d'un médiateur.

À l'issue de l'audience, le juge rend une ordonnance de non-conciliation qui permet d'engager l'instance en divorce ; il demande alors aux époux de présenter pour l'audience de jugement un projet de règlement des effets du divorce.

Cette ordonnance devient caduque en cas de réconciliation des époux ou si la procédure n'a pas été introduite dans les trente mois suivant le prononcé de l'ordonnance (néanmoins, dans les trois mois qui suivent, seul l'époux qui a présenté la requête initiale peut assigner l'autre époux en divorce).

Le jugement de divorce

Dans le cas du divorce pour faute, le juge peut rendre soit un jugement de divorce, soit un jugement de rejet, lorsque les faits ne sont pas établis ou que leur gravité ne justifie pas le prononcé du divorce. Par ailleurs, le jugement de divorce peut être prononcé soit aux torts exclusifs de l'un des époux, soit aux torts partagés en cas de comportement fautif des deux époux.

Dans les deux autres cas, le juge prononce le divorce s'il a la conviction que chacun des époux a donné librement son accord ; il statue ensuite sur les points de désaccord entre les époux. Afin de faciliter le travail du juge, les époux peuvent soumettre, à tout moment de la procédure, des accords réglant tout ou partie des effets du divorce (le sort des enfants, la liquidation des intérêts patrimoniaux, etc.). Le juge homologue alors ces conventions en prononçant le divorce si les intérêts des époux et des enfants sont préservés.

– Quiz –

1 – Qu'est-ce qu'un divorce pour acceptation du principe de la rupture du mariage ?

□ A – Les époux ne sont pas d'accord pour divorcer mais acceptent de s'entendre sur les conséquences de la rupture.
□ B – Les époux sont d'accord pour divorcer mais ne parviennent pas à s'entendre sur les conséquences de la rupture.
□ C – Un époux est d'accord pour divorcer mais ne parvient pas à imposer les conséquences de la rupture.

2 – Que doit contenir la requête formée auprès du juge aux affaires familiales ?

□ A – Le fondement juridique de la demande en divorce.
□ B – Les faits à l'origine du divorce.
□ C – Les demandes formées au titre des mesures provisoires.

3 – Que peut-il se passer lors d'un divorce pour faute ?

□ A – Le juge peut prononcer un jugement de rejet.
□ B – Le juge peut prononcer un jugement sans faute.
□ C – Le juge peut prononcer un jugement de divorce aux torts partagés.

Réponses : 1, B ; 2, C ; 3, A et C.

✪ CONSEIL DE COACH ✪

ⓘ Un atout majeur : le temps (et vous en avez)

Les nuits blanches et le bachotage sont encore promis à un bel avenir, mais le temps est votre allié, pas votre ennemi. N'attendez donc pas la dernière minute pour commencer à relire vos cours et réviser.

À temps de travail égal, vos révisions seront toujours plus efficaces si elles sont étalées sur plusieurs semaines que condensées en quelques jours, car vous pourrez alors diviser ce temps de travail en plusieurs périodes :

- Le temps pour comprendre et vérifier les éléments qui vous semblent peu clairs ;
- Le temps pour vous approprier le contenu et être en mesure de le restituer ;
- Le temps d'ancrer l'ensemble dans votre mémoire pour vous en souvenir longtemps.

Les deux premières phases sont les plus longues, en particulier quand la matière est nouvelle (et c'est souvent le cas en fac de droit). Rappelons aussi que les psychologues estiment qu'il faut au minimum trois nuits pour qu'une information commence à s'ancrer durablement dans la mémoire... ce qui explique que le bachotage de dernière minute soit inutile à long terme !

FICHE N° 13

La notion de filiation

Au sens juridique, lorsqu'on est le père ou la mère d'un enfant, c'est qu'un lien de filiation a été établi. Autrement dit, la filiation est un lien de droit qui unit deux individus : d'un côté, l'enfant, de l'autre côté, la mère ou le père.

En général, ce lien de filiation est conforme à une certaine réalité biologique : dans la plupart des cas, il unira un enfant à ceux qui ont participé à sa conception. Ainsi, dans une grande majorité d'hypothèses, ce sont avec les spermatozoïdes du père qu'a été conçu le bambin ; de la même manière, la femme qui accouche a généralement utilisé ses ovocytes pour mettre l'enfant au monde.

Toutefois, dans certains cas, la filiation ne correspond pas à une vérité génétique. Ainsi, en cas d'adoption, l'enfant adopté (en la forme simple ou en la forme plénière) n'a aucun lien biologique avec le ou les adoptants. En outre, la possession d'état (voir la fiche n° 16) permet d'établir un lien de filiation entre un enfant et un individu qui l'a toujours élevé comme son fils ou sa fille, mais qui n'est pas nécessairement son « parent » au sens biologique. Ici, c'est la réalité sociologique qui est consacrée.

Les modes d'établissement de la filiation

La filiation étant définie, la question qui se pose est de savoir comment faire en sorte que ce lien puisse exister.

En d'autres termes, comment établit-on juridiquement la filiation ? Pour y répondre, il faut d'abord faire une distinction importante parmi les façons d'établir la filiation, entre les modes non contentieux d'un côté, et les modes contentieux de l'autre.

Dans la plupart des cas, pour qu'un lien de filiation soit établi, il n'est pas nécessaire de faire une action en justice. Pour ces hypothèses, on parlera de modes non contentieux d'établissement de la filiation (ce qui signifie qu'il n'est pas nécessaire de saisir le juge pour que le droit fasse de nous le parent d'un enfant). Parmi ces modes non contentieux d'établissement de la filiation, on trouve :

- L'établissement de la filiation par l'effet de la loi (voir la fiche n° 14) ;
- L'établissement de la filiation par la reconnaissance (voir la fiche n° 15) ;
- L'établissement de la filiation par la possession d'état (voir la fiche n° 16).

Toutefois, il y a des situations dans lesquelles une juridiction devra être saisie pour instituer un lien de filiation. C'est le cas, par exemple, lorsqu'une femme met au monde un enfant mais que son concubin décide de quitter le domicile et de ne pas reconnaître le nouveau-né. Il faut alors recourir à un mode contentieux d'établissement de la filiation (voir la fiche n° 17), et plus précisément, à une action en recherche de paternité.

Les effets de la filiation

Être l'enfant de tel ou tel individu n'est pas sans conséquences d'un point de vue juridique. Tout d'abord, l'enfant pourra se voir transmettre le nom de famille de la personne avec laquelle un tel lien de filiation existe. Ensuite, ce sont généralement ses parents qui choisissent le ou les prénoms que portera le rejeton.

De la même manière, l'enfant prend généralement la nationalité de ses parents, en vertu du droit du sang : si l'un des parents est français, il sera lui-même français.

Ensuite, la création d'un lien de filiation engendre des devoirs alimentaires (voir la fiche n° 23). Le parent doit en effet assumer la charge de l'enfant : il doit l'habiller, le nourrir, le soigner et assurer son éducation. À l'inverse, lorsque ses parents se trouvent dans le besoin, l'enfant devenu grand doit les assister financièrement.

Enfin, d'un point de vue successoral, l'enfant pourra hériter de ses parents. Il est un « héritier réservataire », ce qui signifie qu'il doit nécessairement recevoir une part dans la succession de son parent décédé.

– Quiz –

1 – La filiation :

☐ A – est un lien de droit.
☐ B – unit nécessairement l'enfant et ses géniteurs.
☐ C – peut être établie par une action en justice.

2 – Parmi les modes non contentieux de la filiation, on trouve notamment :

☐ A – La possession d'état.
☐ B – La reconnaissance.
☐ C – L'action en recherche de paternité.

3 – L'existence d'un lien de filiation entre un enfant et son père :

☐ A – implique que l'enfant peut hériter de son père.
☐ B – implique que l'enfant peut recevoir le nom de famille de son père.
☐ C – implique que l'enfant peut avoir la même nationalité que son père.

Réponses : 1, A et C ; 2, A et B ; 3, A, B et C.

Code civil

de la mère, par la désigna-
ssance de l'enfant. »

pas toujours dans l'acte de
uche sous X, elle demande
oilée. Par conséquent, elle
nce ; aucun lien de filiation
fois que rien n'empêche la
décision et de reconnaître
onné).

é

t un mécanisme prévu par
tion entre un enfant et le
é.

ode civil

ariage a pour père le mari. »

ou né pendant le mariage
qui a accouché. Il n'a donc
aliser pour établir sa filia-
ère » par l'effet de la loi.
ernité puisse s'appliquer,
nies :

ple de personnes mariées :
pas concernant les parte-
s ;

✪ CONSEIL DE COACH ✪

ⓘ Comment réussir un examen oral ?

Tout au long de vos études, vous allez nécessairement devoir passer des examens oraux. Pour réussir ce genre d'exercice, il faut déjà faire une bonne première impression à votre examinateur. Dès que vous arrivez dans la salle, faites donc un grand sourire et soyez poli.

Une fois que vous commencez votre exposé, il faut impérativement poser votre voix. Dans ce genre de situations, on est souvent stressé ; on a alors tendance à parler rapidement, ce qui ne favorise pas la clarté des développements. C'est pourquoi il est conseillé de prendre son temps, de parler distinctement et de souffler.

Dernier conseil : au brouillon, n'écrivez que des idées sous forme de listes. Il ne faut surtout pas écrire de longues phrases, car vous risquez ensuite de les lire d'une voix monocorde en vous raccrochant à vos notes plutôt que de créer un véritable échange avec votre examinateur.

Article 311-25 d

« La filiation est établie, à l'égard
tion de celle-ci dans l'acte de na

Cependant, la mère n'apparaît
naissance. Lorsque la femme acc
que son identité ne soit pas dé
ne figure pas sur l'acte de naissa
ne peut alors exister (notons tout
mère de revenir plus tard sur sa
l'enfant qu'elle a autrefois aban

La présomption de paternit

La présomption de paternité e
la loi qui permet d'établir la fili
mari de la femme qui a accouch

Article 312 du

« L'enfant conçu ou né pendant le n

Ainsi, le père d'un enfant conç
est présumé être le mari de celle
en principe aucune démarche à r
tion : il est automatiquement «
Pour que la présomption de pa
deux conditions doivent être réu

- L'enfant doit être issu d'un co
  la présomption ne s'applique
  naires pacsés ou les concubi

- L'enfant doit être né ou conçu pendant le mariage (l'enfant est présumé être conçu pendant la période comprise entre le 300e et le 180e jour avant la naissance d'après l'article 311 du Code civil).

Cependant, la présomption de paternité étant une présomption simple, elle peut être renversée dans certains cas. La loi prévoit en effet que la présomption de paternité doit être écartée lorsque l'acte de naissance de l'enfant ne désigne pas le mari en qualité de père (article 313 du Code civil).

Elle est aussi mise à l'écart, sous certaines conditions, en cas de demande en divorce ou de séparation de corps. Par exemple, si l'enfant est né plus de trois cents jours après la date de l'ordonnance de non-conciliation, la présomption sera écartée puisqu'on considérera qu'il y a peu de chances que le mari soit le père.

Enfin, si la présomption de paternité peut être exclue dans certaines situations, elle peut être rétablie dans d'autres cas :

- En cas de possession d'état (article 314 du Code civil) : si le conjoint de la femme ayant accouché démontre qu'il s'est comporté comme le père de l'enfant, alors la présomption est rétablie de plein droit ; il faudra cependant veiller à ce que l'enfant n'ait pas une filiation qui ait été établie entre-temps.
- En cas de reconnaissance : le mari de la femme ayant accouché peut rétablir la présomption en procédant à une reconnaissance de l'enfant (voir la fiche n° 15).
- En cas d'action en justice : le mari, sa femme ou l'enfant devenu majeur peuvent exercer une action en justice afin de démontrer qu'il est véritablement le père, au besoin par une expertise judiciaire.

– Quiz –

1 – Est un mode d'établissement de la filiation par l'effet de la loi :

□ A – La présomption de maternité.
□ B – La désignation de la mère dans l'acte de naissance.
□ C – La reconnaissance de l'enfant.

2 – La présomption de paternité :

□ A – est une présomption irréfragable, qui ne peut être combattue par la preuve contraire.
□ B – permet d'établir la filiation à l'égard de la mère.
□ C – concerne uniquement les couples mariés.

3 – Laquelle de ces affirmations est fausse ?

□ A – L'enfant conçu ou né pendant le mariage a pour père le mari.
□ B – La désignation du père dans l'acte de naissance permet d'établir la filiation à son égard.
□ C – Une mère peut agir en justice en vue de rétablir une présomption de paternité écartée.

Réponses : 1, B ; 2, C ; 3, B.

✪ CONSEIL DE COACH ✪

ⓘ Toujours être en avance sur les autres

Pour être le meilleur, il faut toujours être en avance sur les autres. Qu'est-ce que cela signifie ? Que lorsque votre professeur aborde une notion de cours, vous devez l'avoir étudiée préalablement.

En anticipant sur l'avancée du programme, vous verrez que vous allez mieux comprendre le cours et, surtout, vous allez avoir la sensation d'apprendre plus de choses que vos camarades.

Pour être le plus fort, n'attendez donc pas avant d'aller plus loin dans le cours, et ayez toujours l'envie d'en savoir plus que les autres !

✪ CONSEIL DE COACH ✪

ⓘ **Comment réussir un examen oral ?**

Tout au long de vos études, vous allez nécessairement devoir passer des examens oraux. Pour réussir ce genre d'exercice, il faut déjà faire une bonne première impression à votre examinateur. Dès que vous arrivez dans la salle, faites donc un grand sourire et soyez poli.

Une fois que vous commencez votre exposé, il faut impérativement poser votre voix. Dans ce genre de situations, on est souvent stressé ; on a alors tendance à parler rapidement, ce qui ne favorise pas la clarté des développements. C'est pourquoi il est conseillé de prendre son temps, de parler distinctement et de souffler.

Dernier conseil : au brouillon, n'écrivez que des idées sous forme de listes. Il ne faut surtout pas écrire de longues phrases, car vous risquez ensuite de les lire d'une voix monocorde en vous raccrochant à vos notes plutôt que de créer un véritable échange avec votre examinateur.

FICHE N° 14

L'établissement de la filiation par l'effet de la loi

Le législateur a prévu que, dans la plupart des cas, l'établissement de la filiation se fait automatiquement, par le simple effet de la loi. Derrière l'établissement de la filiation par l'effet de la loi, deux situations sont visées :

- La désignation de la mère dans l'acte de naissance de l'enfant ;
- La présomption de paternité.

La désignation de la mère dans l'acte de naissance

Lorsqu'un enfant est mis au monde, sa naissance doit être déclarée dans les cinq jours auprès d'un officier d'état civil. En général, c'est le père qui effectue cette déclaration de naissance ; à défaut, ce sont les membres du personnel médical qui sont tenus de la déclarer.

Quand il reçoit cette déclaration de naissance, l'officier d'état civil rédige un acte particulier : l'acte de naissance. Sur cet acte figure généralement le nom de la femme ayant accouché, et donc, de la mère. Cette désignation de la mère dans l'acte de naissance suffit à établir la filiation entre elle et son enfant.

Article 311-25 du Code civil

« La filiation est établie, à l'égard de la mère, par la désignation de celle-ci dans l'acte de naissance de l'enfant. »

Cependant, la mère n'apparaît pas toujours dans l'acte de naissance. Lorsque la femme accouche sous X, elle demande que son identité ne soit pas dévoilée. Par conséquent, elle ne figure pas sur l'acte de naissance ; aucun lien de filiation ne peut alors exister (notons toutefois que rien n'empêche la mère de revenir plus tard sur sa décision et de reconnaître l'enfant qu'elle a autrefois abandonné).

La présomption de paternité

La présomption de paternité est un mécanisme prévu par la loi qui permet d'établir la filiation entre un enfant et le mari de la femme qui a accouché.

Article 312 du Code civil

« L'enfant conçu ou né pendant le mariage a pour père le mari. »

Ainsi, le père d'un enfant conçu ou né pendant le mariage est présumé être le mari de celle qui a accouché. Il n'a donc en principe aucune démarche à réaliser pour établir sa filiation : il est automatiquement « père » par l'effet de la loi. Pour que la présomption de paternité puisse s'appliquer, deux conditions doivent être réunies :

- L'enfant doit être issu d'un couple de personnes mariées : la présomption ne s'applique pas concernant les partenaires pacsés ou les concubins ;

- L'enfant doit être né ou conçu pendant le mariage (l'enfant est présumé être conçu pendant la période comprise entre le 300e et le 180e jour avant la naissance d'après l'article 311 du Code civil).

Cependant, la présomption de paternité étant une présomption simple, elle peut être renversée dans certains cas. La loi prévoit en effet que la présomption de paternité doit être écartée lorsque l'acte de naissance de l'enfant ne désigne pas le mari en qualité de père (article 313 du Code civil).

Elle est aussi mise à l'écart, sous certaines conditions, en cas de demande en divorce ou de séparation de corps. Par exemple, si l'enfant est né plus de trois cents jours après la date de l'ordonnance de non-conciliation, la présomption sera écartée puisqu'on considérera qu'il y a peu de chances que le mari soit le père.

Enfin, si la présomption de paternité peut être exclue dans certaines situations, elle peut être rétablie dans d'autres cas :

- En cas de possession d'état (article 314 du Code civil) : si le conjoint de la femme ayant accouché démontre qu'il s'est comporté comme le père de l'enfant, alors la présomption est rétablie de plein droit ; il faudra cependant veiller à ce que l'enfant n'ait pas une filiation qui ait été établie entre-temps.
- En cas de reconnaissance : le mari de la femme ayant accouché peut rétablir la présomption en procédant à une reconnaissance de l'enfant (voir la fiche n° 15).
- En cas d'action en justice : le mari, sa femme ou l'enfant devenu majeur peuvent exercer une action en justice afin de démontrer qu'il est véritablement le père, au besoin par une expertise judiciaire.

– Quiz –

1 – Est un mode d'établissement de la filiation par l'effet de la loi :

□ A – La présomption de maternité.
□ B – La désignation de la mère dans l'acte de naissance.
□ C – La reconnaissance de l'enfant.

2 – La présomption de paternité :

□ A – est une présomption irréfragable, qui ne peut être combattue par la preuve contraire.
□ B – permet d'établir la filiation à l'égard de la mère.
□ C – concerne uniquement les couples mariés.

3 – Laquelle de ces affirmations est fausse ?

□ A – L'enfant conçu ou né pendant le mariage a pour père le mari.
□ B – La désignation du père dans l'acte de naissance permet d'établir la filiation à son égard.
□ C – Une mère peut agir en justice en vue de rétablir une présomption de paternité écartée.

Réponses : 1, B ; 2, C ; 3, B.

✪ CONSEIL DE COACH ✪

ⓘ Toujours être en avance sur les autres

Pour être le meilleur, il faut toujours être en avance sur les autres. Qu'est-ce que cela signifie ? Que lorsque votre professeur aborde une notion de cours, vous devez l'avoir étudiée préalablement.

En anticipant sur l'avancée du programme, vous verrez que vous allez mieux comprendre le cours et, surtout, vous allez avoir la sensation d'apprendre plus de choses que vos camarades.

Pour être le plus fort, n'attendez donc pas avant d'aller plus loin dans le cours, et ayez toujours l'envie d'en savoir plus que les autres !

FICHE N° 15

L'établissement de la filiation par la reconnaissance

Lorsqu'on n'est pas en mesure d'établir la filiation par l'effet de la loi, on peut utiliser la voie de la reconnaissance de l'enfant. Il s'agit d'un acte juridique unilatéral par lequel une personne va déclarer qu'elle est le père ou la mère de cet enfant, et en assume toutes les conséquences.

En général, ce sont les hommes non mariés qui procèdent à la reconnaissance : ils ne peuvent pas utiliser la présomption de paternité, puisqu'elle est réservée aux couples unis par les liens du mariage. Mais la mère aussi peut avoir recours à une reconnaissance ! C'est ce qui se produit lorsqu'elle reconnaît l'enfant avant la naissance (on parle alors de « reconnaissance prénatale »). De la même manière, la mère qui a accouché sous X mais qui finalement regrette son choix pourra utiliser la voie de la reconnaissance.

Les conditions de la reconnaissance

Pour qu'elle soit valable, la reconnaissance doit réunir un certain nombre de conditions.

En premier lieu, la reconnaissance n'est possible que lorsque la filiation n'a pas pu être établie par l'effet de la loi ; c'est un mode subsidiaire d'établissement de la parenté.

En deuxième lieu, la reconnaissance peut intervenir à n'importe quel moment, avant ou après la naissance de l'enfant. Dans l'hypothèse où la mère ou le père reconnaît son enfant avant le terme de la grossesse, la reconnaissance ne prendra effet qu'à compter de l'accouchement (si l'enfant est né vivant et viable).

Quel délai pour reconnaître l'enfant après la naissance ?

En théorie, aucun délai n'est imposé. Cependant, il faut faire attention à ce qu'une autre personne n'ait pas déjà reconnu l'enfant. Sinon, il faudra saisir les juridictions pour faire tomber le lien de filiation établi en premier... La loi prévoit en effet que « tant qu'elle n'a pas été contestée en justice, la filiation légalement établie fait obstacle à l'établissement d'une autre filiation qui la contredirait » (article 320 du Code civil).

En troisième lieu, la reconnaissance peut être réalisée par un mineur, même si celui-ci est frappé d'incapacité. D'ailleurs, ses parents ne peuvent agir à sa place : c'est un acte strictement personnel. Les majeurs placés sous un régime de protection peuvent eux aussi reconnaître seuls l'enfant.

En dernier lieu, la reconnaissance doit être réalisée dans un acte authentique. Il est fréquent de reconnaître l'enfant par le biais de l'acte de naissance, mais la reconnaissance peut intervenir à un autre moment devant l'officier d'état civil, dans un acte distinct. Elle peut par ailleurs être réalisée devant notaire ou encore devant le juge, notamment lorsqu'une personne avoue sa parenté à l'égard de l'enfant.

Article 311-25 du Code civil

« Elle [La reconnaissance] est faite dans l'acte de naissance, par acte reçu par l'officier de l'état civil ou par tout autre acte authentique. »

Les effets de la reconnaissance

Reconnaître un enfant implique de nombreuses conséquences au niveau juridique. Tout d'abord, la reconnaissance permet bien évidemment la création d'un lien de filiation entre celui qui en est l'auteur et l'enfant. C'est ainsi que, une fois la reconnaissance paternelle effectuée, l'enfant pourra par exemple hériter de son père.

Ensuite, la reconnaissance a une portée rétroactive : si elle a lieu trois ans après la naissance de l'enfant, les effets de cet acte remontent au jour de l'accouchement. Il s'agit en outre d'un acte considéré comme irrévocable ; celui qui en est l'auteur ne peut pas revenir sur sa décision.

Attention, cela ne veut pas dire que la reconnaissance ne peut pas être ultérieurement remise en cause : si l'une des conditions de validité de l'acte fait défaut, elle pourra effectivement être annulée. De même, si celui qui a reconnu l'enfant n'est pas le père biologique, la parenté pourra être contestée dans le cadre d'une action en contestation de paternité.

– Quiz –

1 – La reconnaissance :

☐ A – peut intervenir à tout moment.
☐ B – doit obligatoirement intervenir avant la naissance.
☐ C – est réservée aux hommes.

2 – Peuvent reconnaître un enfant :

☐ A – Les majeurs.
☐ B – Les mineurs.
☐ C – Les majeurs sous tutelle.

3 – La reconnaissance :

☐ A – n'a aucun effet rétroactif.
☐ B – ne pourra jamais être remise en cause.
☐ C – doit être réalisée par acte authentique.

Réponses : 1, A ; 2, A, B et C ; 3, C.

✪ CONSEIL DE COACH ✪

ⓘ L'importance de la méthodologie

Pour réussir vos examens de droit, il est important de veiller à respecter la méthodologie des exercices juridiques. Cependant, on se rend rapidement compte qu'il y a presque autant de méthodes que de professeurs et de chargés de TD : chacun a sa propre conception de l'exercice.

Comment faire en présence d'une telle pluralité de méthodes ? Il faut en priorité appliquer celle qui vous a été dispensée par le chargé de TD. En effet, dans la plupart des cas, c'est lui qui vous corrigera en premier et c'est lui qui vous aura eu en cours tout au long de l'année. Dès lors, lorsque vous êtes en TD, il ne faut pas hésiter à lui poser des questions à propos de la méthodologie.

Si vous respectez la méthode préconisée, vous pouvez voir votre note augmenter considérablement. À l'inverse, si vous ne vous y conformez pas, vous risquez d'être fortement pénalisé...

FICHE N° 16

L'établissement de la filiation par la possession d'état

La possession d'état correspond à une réalité sociologique plutôt qu'à une vérité biologique : le droit consacre ici une filiation vécue, telle qu'elle existe dans la vie quotidienne.

Ainsi, lorsqu'une personne se comporte dans la vie de tous les jours comme le père ou la mère d'un enfant, elle peut établir un lien de filiation à l'égard de ce dernier alors même qu'elle n'en est pas le parent au sens biologique. Pour consacrer un tel lien de filiation, cette personne doit recourir au mécanisme de la possession d'état.

Pour recourir à la possession d'état, la personne doit prouver l'existence de celle-ci, démontrer que ses caractères sont bien présents et la faire constater par l'autorité publique (en général, par un acte de notoriété).

L'existence de la possession d'état

Pour se prévaloir d'une possession d'état, il faut d'abord démontrer son existence. La loi prévoit que la possession d'état existe dès lors qu'une réunion suffisante de faits atteste un lien de filiation entre une personne et la famille à laquelle elle est dite appartenir. Pour démontrer l'existence de cette réalité, la loi a énuméré certains indices à l'article 311-25 du Code civil.

Article 311-25 du Code civil

« La possession d'état s'établit par une réunion suffisante de faits qui révèlent le lien de filiation et de parenté entre une personne et la famille à laquelle elle est dite appartenir. Les principaux de ces faits sont :

1° Que cette personne a été traitée par celui ou ceux dont on la dit issue comme leur enfant et qu'elle-même les a traités comme son ou ses parents ;

2° Que ceux-ci ont, en cette qualité, pourvu à son éducation, à son entretien ou à son installation ;

3° Que cette personne est reconnue comme leur enfant, dans la société et par la famille ;

4° Qu'elle est considérée comme telle par l'autorité publique ;

5° Qu'elle porte le nom de celui ou ceux dont on la dit issue. »

Ainsi, si l'enfant a toujours considéré tel individu comme son père, c'est un indice en faveur de l'existence de la possession d'état. De même, si son prétendu père a toujours subvenu aux besoins de l'enfant en l'habillant et en le nourrissant, c'est un indice supplémentaire.

Précisons que la réunion de tous ces faits prévus par la loi n'est pas nécessaire : la présence de certains de ces indices suffit à caractériser l'existence de la possession d'état. D'ailleurs, cette liste n'est pas considérée comme limitative par la jurisprudence ; d'autres critères peuvent être avancés par le prétendu parent.

Les caractères de la possession d'état

Pour que la possession d'état puisse réellement produire des effets sur le plan juridique (et notamment, l'établissement de la filiation), elle doit revêtir certains caractères :

- Elle doit être continue;
- Elle doit être paisible;
- Elle doit être publique;
- Elle doit être non équivoque.

Si l'un de ces caractères de la possession d'état fait défaut, on dira qu'elle est «viciée», et elle ne pourra permettre la création du lien de filiation. Si elle existe et que ces caractères sont bien présents, il faut qu'elle soit officialisée par un juge pour produire des effets.

La constatation de la possession d'état

À elle seule, la possession d'état ne peut suffire à ce qu'un lien de filiation soit établi; elle doit être constatée. Pour ce faire, il existe deux possibilités.

La première possibilité est d'engager une action en constatation de possession d'état devant le tribunal de grande instance (TGI), afin que le juge délivre une décision attestant de l'existence de la possession d'état. Cette action est ouverte à tout intéressé et peut être exercée pendant dix ans à compter de la cessation de la possession d'état ou du décès du prétendu parent.

La deuxième possibilité est beaucoup plus rapide et légère: il faut demander la délivrance d'un acte de notoriété auprès du tribunal d'instance. Cet acte de notoriété, qui ne peut être demandé que par les parents ou l'enfant, ne peut être demandé que dans un délai de cinq ans (donc un délai plus bref que pour l'action en constatation) à compter de la fin de la possession d'état ou à compter du décès du parent prétendu.

– Quiz –

1 – Laquelle de ces assertions est juste ?

□ A – Les faits listés à l'article 311-25 du Code civil sont cumulatifs pour démontrer l'existence d'une possession d'état.
□ B – La possession d'état est un mécanisme qui consacre une réalité sociologique.
□ C – La possession d'état, même lorsqu'elle est viciée, permet d'établir la filiation.

2 – Pour établir la filiation, la possession d'état doit :

□ A – être continue, paisible, publique et non équivoque.
□ B – être interrompue, clandestine, violente et équivoque.
□ C – être non équivoque, paisible, publique et continue.

3 – L'acte de notoriété :

□ A – permet de constater officiellement la possession d'état.
□ B – est délivré par le tribunal de grande instance.
□ C – est un acte dont la délivrance peut être sollicitée par n'importe qui.

Réponses : 1, B ; 2, A et C ; 3, A.

✪ CONSEIL DE COACH ✪

ⓘ La lecture du sujet, c'est tellement important !

C'est un conseil sur lequel il faut vraiment insister : la lecture du sujet est primordiale ! Lorsque vous passez un examen, il faut impérativement prendre tout le temps nécessaire pour lire correctement le sujet. Cela peut vous éviter un hors-sujet... et donc une mauvaise note.

Lorsqu'on lit un sujet, il faut se munir d'une feuille de brouillon et décortiquer chaque terme. Sur la feuille de brouillon, indiquez tout ce que tel ou tel mot vous évoque. Cela pourra vous être très utile pour la définition des termes du sujet. De plus, la façon dont un sujet est intitulé peut influer sur la façon dont vous allez concevoir votre travail.

Par ailleurs, il faut prêter une attention accrue à la ponctuation. Si le sujet est formulé avec un point d'interrogation à la fin, il se peut que votre réponse soit organisée de façon I. Oui et II. Non. Par exemple, un sujet tel que « Faut-il supprimer le divorce pour faute ? » impliquera sans doute que vous vous interrogiez sur l'opportunité de le supprimer et sur la nécessité de le conserver. Vous n'aborderez pas de la même façon le sujet s'il dit : « La suppression du divorce pour faute. »

Enfin, un sujet qui comprend un « ou » ne devra pas être traité de la même manière que celui qui comprend un « et » !

FICHE N° 17

L'établissement contentieux de la filiation

Dans la majorité des cas, il n'y a pas besoin de saisir un juge afin qu'un lien de filiation soit établi. Cependant, il peut arriver qu'il soit nécessaire qu'une juridiction vienne instituer un lien de filiation. Par exemple, la voie judiciaire est la seule possible lorsqu'une mère souhaite qu'un homme qui l'a abandonnée juste avant la naissance de son enfant soit considéré comme le père de ce dernier.

Certaines des actions destinées à ce qu'un lien de filiation soit judiciairement établi ont déjà été abordées : c'est le cas de l'action en rétablissement de la présomption de paternité (voir la fiche n° 14) et de l'action en constatation judiciaire de la possession d'état (voir la fiche n° 16). Mais d'autres actions méritent d'être étudiées de manière plus approfondie :

- L'action en recherche de maternité ;
- L'action en recherche de paternité.

Les règles générales en matière d'établissement contentieux de la filiation

De manière générale (et donc sauf règles spéciales à une action en particulier), l'ensemble des actions relatives à l'établissement de la filiation obéit à des règles communes. Ainsi, en ce qui concerne la compétence juridictionnelle, ces actions relèvent de la compétence exclusive du tribunal de grande instance (TGI).

En outre, de nombreuses actions sont considérées comme des « actions attitrées » : seules les personnes énumérées limitativement par la loi peuvent agir. Dans ces hypothèses, l'action ne sera pas ouverte à toute personne qui a un intérêt à agir. Par exemple, l'action en recherche de maternité est une action réservée à l'enfant. Cela signifie que, durant sa minorité, une personne devra le représenter pour agir (en général, c'est le père), mais que dès sa majorité, il agira de manière autonome.

À moins qu'un délai soit prévu pour une action spécifique, le délai de droit commun des actions relatives à la filiation est de dix ans. Concernant l'enfant, ce délai est suspendu durant sa minorité ; il peut donc agir jusqu'à ses 28 ans.

L'action en recherche de maternité

Comme son nom l'indique, l'action en recherche de maternité est une action judiciaire destinée à établir un lien de filiation entre l'enfant et sa mère. En effet, une fois qu'elle a accouché, la mère peut très bien refuser de reconnaître son enfant et/ou demander à ne pas être désignée dans l'acte de naissance. Dans une telle hypothèse, l'enfant peut agir contre sa prétendue mère afin qu'elle lui soit rattachée sur le plan juridique.

Pour que l'action aboutisse, l'enfant (ou son représentant, s'il est mineur) doit prouver qu'il est biologiquement l'enfant dont la mère prétendue a accouché. À cette fin, il peut recourir à une expertise biologique (par exemple, un test ADN), laquelle est « de droit » en matière de filiation. Cela signifie que lorsqu'on demande une expertise dans le cadre d'une action relative à la filiation, le juge est en principe tenu de l'ordonner (sauf dans certains cas exceptionnels).

Peut-on obliger quelqu'un à se soumettre à une expertise biologique ?

Prenons l'hypothèse où un enfant souhaite établir un lien de maternité. Il peut solliciter une expertise biologique auprès du juge afin de montrer que la personne poursuivie est sa mère sur le plan génétique. Pour cela, il demande que le juge ordonne un test ADN. Celui-ci accepte, car rien ne s'y oppose. La mère peut-elle refuser de réaliser ce test génétique ?
L'article 16-11 du Code civil prévoit que la personne qui se prête à une telle expertise doit consentir à cette mesure. Dans notre exemple, la mère doit donc être d'accord – ce qui signifie qu'elle est en droit de refuser.
Cependant, son refus n'est pas sans conséquences : le juge pourra interpréter son opposition (si la mère refuse, c'est sans doute qu'elle est le véritable parent biologique de l'enfant) et en tirer toutes les conséquences.

En outre, alors que pendant longtemps l'action en recherche de maternité était impossible en cas d'accouchement sous X, le législateur a changé sa position et permet désormais que le père agisse au nom de l'enfant pour établir la maternité d'une femme ayant accouché anonymement.

L'action en recherche de paternité

Lorsque le géniteur de l'enfant a épousé celle qui a accouché, il a la possibilité de recourir à la présomption de paternité. Cependant, que se passe-t-il lorsque les deux procréateurs ne sont pas unis par les liens du mariage ?

Dans cette hypothèse, une action en recherche de paternité est ouverte. Là encore, l'action est réservée à l'enfant. Elle peut être exercée par un représentant (en général, la mère) durant la minorité de l'enfant, et par ce dernier lui-même lorsqu'il devient majeur.

– Quiz –

1 – Les actions relatives à l'établissement de la filiation relèvent de la compétence :

☐ A – du tribunal d'instance.
☐ B – du tribunal de grande instance.
☐ C – du tribunal d'instance et du tribunal de grande instance en fonction du montant de la demande.

2 – Une action attitrée :

☐ A – est une action ouverte à toute personne qui justifie d'un intérêt à agir.
☐ B – est une action ouverte à des personnes limitativement énumérées par les textes.
☐ C – est une action ouverte à toute personne qui a gagné un titre de champion de France.

3 – L'accouchement sous X :

☐ A – permet la désignation de la mère dans l'acte de naissance.
☐ B – n'empêche pas que la mère reconnaisse l'enfant plus tard.
☐ C – fait obstacle à une action en recherche de maternité.

Réponses : 1, B ; 2, B ; 3, B.

✪ CONSEIL DE COACH ✪

ⓘ Le téléphone, un outil à bannir en période de révisions

Le téléphone, c'est le pire ennemi pour apprendre, comprendre et réviser. En bref, il vous empêche d'être productif! Il vous interpelle toutes les deux secondes avec des notifications provenant des réseaux sociaux. À partir du moment où vous êtes au travail, vous devez par conséquent vous en défaire, impérativement.

En période de révisions, commencez par désactiver toutes les notifications de vos applications. Ensuite, mettez le téléphone en « silencieux » ou en « mode avion » (et non en mode « vibreur », car même en vibrant, il peut vous déconcentrer).

Enfin, si vous êtes chez vous, posez-le dans une autre pièce que celle où vous êtes en train de travailler. Vous serez ainsi loin de lui, et vous verrez : votre productivité va considérablement augmenter ! Si vous n'êtes pas chez vous, placez-le dans votre sac à main ou votre poche.

FICHE N° 18

L'anéantissement de la filiation

Parfois, la filiation établie de manière extrajudiciaire ne correspond pas à la réalité ; une personne reconnaissant un enfant qui n'est pas le sien crée alors une filiation mensongère. Heureusement, ce type de filiation peut être contesté et anéanti par le biais d'une action en justice.

Les règles ne sont pas les mêmes selon la façon dont le lien de filiation a été instauré. Ainsi faut-il distinguer deux hypothèses :

- L'anéantissement des filiations établies par l'effet de la loi ou la reconnaissance.
- L'anéantissement des filiations établies par la possession d'état.

L'anéantissement des filiations établies par l'effet de la loi ou la reconnaissance

Quand la filiation a été établie par l'effet de la loi (désignation de la mère dans l'acte de naissance, présomption de paternité) ou par une reconnaissance, il faut se pencher sur l'existence ou l'absence d'une possession d'état entre l'enfant et celui ou celle dont la filiation est contestée.

Pourquoi cette référence à la possession d'état ? En fait, il serait peu opportun de revenir sur une filiation qui est confortée par une attitude bienveillante du parent à l'égard de l'enfant. Ce serait un véritable déchirement que d'anéantir une filiation d'un parent qui a aimé et éduqué l'enfant. C'est la raison pour laquelle, lorsque la filiation est confortée par une possession d'état (on dit que « la possession d'état est conforme au titre »), les conditions pour la remettre en cause sont plus difficiles à réunir.

Lorsque la possession d'état n'est pas conforme au titre, le délai pour agir est celui de droit commun, c'est-à-dire dix ans. En revanche, lorsque la possession d'état est conforme au titre, une distinction doit être opérée :

- La possession d'état a cessé et a duré moins de cinq ans : l'action se prescrit au bout de cinq ans à compter de la fin de la possession d'état.
- La possession d'état a duré cinq années depuis la naissance : l'action n'est pas possible, sauf pour le ministère public (la filiation est alors quasi-inattaquable).

En outre, lorsque la possession d'état est conforme au titre, seules certaines personnes peuvent agir : ce sont des actions attitrées. Au contraire, lorsque le titre n'est pas corroboré par la possession d'état, l'action est ouverte à tout intéressé.

L'anéantissement des filiations établies par la possession d'état

Lorsque la filiation a été établie non par un titre mais par une possession d'état (à travers un acte de notoriété), il est possible de la contester et l'action est largement ouverte : toute personne intéressée peut agir dans un délai de dix ans à compter de la délivrance dudit acte.

Il est alors nécessaire de démontrer soit que la possession d'état est viciée (par exemple, elle n'est ni publique, ni continue), soit que la filiation établie dans cet acte de notoriété n'est pas conforme à la réalité biologique.

– Quiz –

1 – Laquelle de ces assertions est juste ?

☐ A – Il est impossible de contester une filiation établie par une reconnaissance.
☐ B – Il est possible de contester une filiation établie par une reconnaissance.
☐ C – La reconnaissance d'un enfant fait obstacle à une action en contestation de paternité.

2 – Lorsque la possession d'état est conforme au titre :

☐ A – Il n'est jamais possible de contester cette filiation.
☐ B – Il est possible de contester cette filiation dans un délai de dix ans.
☐ C – Il est possible d'anéantir cette filiation si la possession d'état a duré moins de cinq ans.

3 – Laquelle de ces assertions est fausse ?

☐ A – Lorsqu'une filiation a été établie par une possession d'état, il est possible de l'anéantir en contestant l'acte de notoriété dans un délai de dix ans à compter de la délivrance de l'acte.
☐ B – Lorsqu'une filiation a été établie par une possession d'état, il n'est jamais possible d'anéantir un tel lien.
☐ C – Lorsqu'une filiation a été établie par une possession d'état, il est possible de l'anéantir en démontrant que l'acte de notoriété ne correspond pas à la réalité biologique.

Réponses : 1, B ; 2, C ; 3, B.

✪ CONSEIL DE COACH ✪

ⓘ Pourquoi participer en TD ?

Participer en TD est l'une des clés pour réussir. Même si vous êtes d'une grande timidité, il faut dépasser votre peur de vous exprimer à l'oral et être actif au cours des travaux dirigés. Vous avez tout à y gagner.

Tout d'abord, vous pourrez demander à votre chargé de TD une explication sur un point du cours que vous avez mal compris. Ensuite, lorsque l'enseignant interroge la classe sur telle ou telle chose, vous pourrez voir si vous connaissez le cours en répondant à la question.

N'hésitez pas à lever la main : il vaut mieux se tromper en TD que le jour de l'examen ! De plus, généralement, des points de bonification vous sont attribués si vous êtes actif.

Enfin, votre investissement tout au long de l'année pourra vous servir si vous avez par exemple une moyenne de 9,99/20 sur un semestre : votre chargé de TD se battra pour que vous validiez votre année.

FICHE N° 19

L'action à fins de subsides

Martin et Estelle, deux jeunes tourtereaux de 22 ans, filaient le parfait amour. Cette idylle cessa brusquement lorsque Martin apprit que sa copine était enceinte de lui. Fou de rage, il décida de la quitter avant la naissance du bambin, sans prendre la peine de reconnaître l'enfant. Estelle pourra-t-elle malgré tout obtenir une aide financière de la part de son ex, en vue d'élever le rejeton ?

C'est tout l'objet de l'action à fins de subsides. Cette procédure vise l'hypothèse où un enfant n'a pas de père sur le plan juridique (ce dernier ne l'a pas reconnu) mais souhaite obtenir une somme d'argent (des « subsides ») de celui qui apparaît comme le père vraisemblable.

Il faut comprendre que le but de cette action est seulement alimentaire : lorsqu'une action à fins de subsides est engagée, ce que l'on souhaite, c'est uniquement des aliments (qu'on appelle des « subsides ») pour subvenir aux besoins de l'enfant. Cette action n'est pas destinée à établir la filiation à l'égard du père.

Article 342 du Code civil

« Tout enfant dont la filiation paternelle n'est pas légalement établie peut réclamer des subsides à celui qui a eu des relations avec sa mère pendant la période légale de la conception. »

Les conditions de l'action à fins de subsides

Pour que l'action à fins de subsides puisse aboutir, diverses conditions doivent être réunies :

- L'enfant ne doit pas avoir de filiation paternelle établie. En effet, si l'enfant a déjà un père sur le plan juridique, c'est à lui qu'il doit s'adresser pour recevoir des aliments.
- L'enfant doit démontrer que sa mère et son père probable ont eu des relations (sexuelles) durant la période légale de conception.

L'action peut être exercée durant toute la minorité de l'enfant. En général, c'est alors la mère qui défend les intérêts de son enfant. Mais l'enfant dispose également d'un délai de dix ans après sa majorité pour agir.

L'expertise et l'action à fins de subsides

Pour que l'action à fins de subsides puisse aboutir, l'enfant doit démontrer que sa mère et son probable père ont entretenu des relations durant la période légale de conception. Pour apporter cette preuve, il est fréquent de recourir à l'expertise biologique, laquelle permet de démontrer que le père vraisemblable est bien le géniteur de l'enfant.
Cependant, l'expertise peut aussi être utilisée par celui contre qui l'action est dirigée (le défendeur) afin d'apporter la preuve que ce n'est en réalité pas lui le père biologique.

Les effets de l'action à fins de subsides

Si l'action aboutit, le juge peut condamner le père au versement de « subsides ». Concrètement, une pension sera versée à l'enfant, en fonction de ses besoins, de sa situation familiale et des ressources du débiteur (celui qui va devoir verser les subsides). Si la pension n'est pas versée, le père probable pourra être condamné pénalement pour abandon de famille.

En revanche, l'action ne permet pas d'établir la filiation à l'égard du père. Dès lors, l'enfant n'a toujours aucun droit dans la succession de son père probable. De plus, il n'y a aucune incidence sur le nom de famille ni sur l'autorité parentale.

Enfin, assez logiquement, si la filiation paternelle est ultérieurement établie à l'égard d'un autre homme que celui tenu au versement de subsides, l'allocation de ces subsides n'aura plus d'effet.

– Quiz –

1 – L'action à fins de subsides :

- ☐ A – permet d'établir la filiation entre un enfant et son père.
- ☐ B – a un objectif alimentaire.
- ☐ C – permet de réclamer le versement d'une pension alimentaire.

2 – L'action à fins de subsides :

- ☐ A – peut être exercée par la mère durant la minorité de l'enfant.
- ☐ B – n'est possible que si l'enfant a déjà un père au niveau juridique.
- ☐ C – permet à l'enfant de demander des subsides jusqu'à dix ans après sa majorité.

3 – Laquelle de ces assertions est juste ?

- ☐ A – Si celui qui est tenu au versement des subsides ne paie pas, il pourra être condamné pénalement pour abandon de poste.
- ☐ B – La pension alimentaire sera notamment versée en fonction des ressources du débiteur.
- ☐ C – Si la filiation paternelle est ultérieurement établie à l'égard d'un autre homme que celui qui doit verser les subsides, cela ne change rien.

Réponses : 1, B et C ; 2, A et C ; 3, B.

✪ CONSEIL DE COACH ✪

ⓘ Quelques astuces pour être un bon orateur

Pour être un bon orateur, votre aspect extérieur joue beaucoup. Habillez-vous bien (costume, tailleur) puisque, inconsciemment, le cerveau humain a tendance à porter davantage son attention sur une personne vêtue élégamment.

Votre posture doit également être travaillée. Tenez-vous droit, gardez votre buste bombé. Ne croisez pas les jambes, que vous soyez assis ou debout.

Votre voix ne doit pas non plus être mésestimée. Parlez fort, mais sans crier. Pensez à bien articuler et à garder un débit correct. Dans votre discours, n'oubliez pas de mettre des silences et de faire des pauses.

Enfin, votre regard est important : pour capter l'attention du public, regardez dans les yeux chacune des personnes de votre auditoire.

FICHE N° 20

L'adoption

Lorsqu'on ne peut pas recourir à la procréation naturelle pour enfanter, il est possible d'utiliser la voie de l'adoption. Si j'adopte un enfant, un lien juridique va alors naître entre moi (l'adoptant) et l'enfant (l'adopté). Cette filiation entraîne des conséquences juridiques, comme tout lien entre un enfant et un parent.

De manière générale, l'adoption permet d'établir une parenté (soit une maternité, soit une paternité) à l'égard d'un enfant étranger d'un point de vue biologique. Cependant, on distingue deux types d'adoption : l'adoption plénière et l'adoption simple.

Les conditions de l'adoption plénière

Il est possible d'adopter en la forme plénière soit un enfant « seul », soit l'enfant de son conjoint. Si l'on souhaite adopter l'enfant de la personne avec laquelle on est marié, les conditions sont plus souples (car on vit habituellement avec l'enfant). En revanche, si on ne souhaite pas adopter l'enfant d'un conjoint, il faut choisir entre deux voies :

- Recourir à l'adoption conjointe (on adopte un enfant avec son époux) ;
- Ou recourir à l'adoption individuelle (on adopte seul un enfant).

L'adoption conjointe n'est possible que si elle est demandée par deux personnes mariées, qui ne sont pas séparées de corps. De plus, ces époux doivent être mariés depuis plus de deux ans ou avoir plus de 28 ans. Si l'on souhaite adopter seul (adoption individuelle), il faut notamment être âgé de plus de 28 ans.

En matière d'adoption plénière, l'adopté doit avoir moins de 15 ans. Cependant, la loi a prévu que, dans certains cas, l'adoption était possible sur un enfant de plus de 15 ans (c'est par exemple le cas lorsque l'adopté a fait l'objet d'une adoption simple avant ses 15 ans). En outre, une différence d'âge d'au moins quinze ans doit exister entre le ou les adoptants et l'adopté (le Code civil permet exceptionnellement de déroger à cette condition d'écart de l'âge lorsqu'il y a de justes motifs).

Enfin, l'adopté doit être considéré comme « adoptable ». La loi précise que sont adoptables les enfants valablement donnés à l'adoption, les enfants pupilles de l'État et les enfants déclarés judiciairement délaissés.

Une procédure stricte

Pour adopter un enfant, il faut respecter une procédure stricte. Il faut d'abord solliciter un agrément auprès du conseil départemental, qui attestera que l'enfant dispose de conditions d'accueil favorables dans cette famille d'adoptants. Ensuite, pendant six mois, l'enfant sera placé au foyer des adoptants pour voir si la cohabitation fonctionne correctement.
Après cette phase administrative, il faudra déposer une requête en adoption devant le tribunal de grande instance. Celui-ci vérifiera notamment que les conditions légales de l'adoption sont bien remplies et que le prononcé de l'adoption est conforme à l'intérêt de l'enfant.

Les effets de l'adoption plénière

L'adoption plénière est en principe irrévocable : on ne peut pas revenir sur sa volonté d'adopter (sauf cas exceptionnels). Ensuite, celui qui est adopté n'appartient plus à sa famille d'origine. Dès lors, il perd le nom de famille de celle-ci et n'a plus aucun droit dans la succession. En revanche, les empêchements à mariage subsistent à l'égard de sa famille d'origine.

L'adoption plénière engendre la création d'un nouveau lien avec la famille adoptive. Le nom de famille de l'adopté est celui de son ou ses adoptants. Ces derniers deviennent titulaires de l'autorité parentale et une nouvelle obligation alimentaire vient se créer entre l'adopté et ses adoptants. De la même manière, sont ainsi créés de nouveaux empêchements à mariage. Enfin, l'adopté peut hériter de sa famille adoptive.

L'adoption simple

Pour l'essentiel, l'ensemble des conditions relatives à l'adoption plénière est applicable à l'adoption simple. Cependant, certaines règles sont spécifiques à cette procédure. En premier lieu, l'âge de l'adopté est indifférent : l'adoption simple est permise même s'il a plus de 15 ans. En second lieu, l'adopté n'a pas besoin d'être accueilli au foyer de ses adoptants.

Les effets de l'adoption simple sont très éloignés de ceux de l'adoption plénière, puisque l'adopté conserve ses liens avec la famille d'origine. Simplement, on ajoute un nouveau lien de filiation avec les adoptants ; on cumule donc les filiations biologique et adoptive. Par conséquent, en plus des empêchements à mariage existant à l'égard de la famille par le sang, de nouveaux empêchements sont créés concernant la famille des adoptants. Par ailleurs, l'enfant conserve son nom d'origine et y ajoute celui de sa famille adoptive.

En revanche, les parents adoptifs deviennent titulaires de l'autorité parentale à la place des parents biologiques. En principe, ils exercent en commun cet attribut (voir la fiche suivante).

Enfin, d'un point de vue successoral, l'adopté conserve bien évidemment ses droits successoraux dans sa famille d'origine puisque le lien n'est pas détruit, mais il peut également hériter de sa famille adoptive.

– Quiz –

1 – Si je suis adopté en la forme plénière :

☐ A – je n'ai plus aucun lien juridique à l'égard de mes parents d'origine.
☐ B – je ne peux plus hériter de mes parents adoptifs.
☐ C – je conserverai le nom de famille attribué par mes parents d'origine.

2 – Laquelle de ces assertions est juste ?

☐ A – En matière d'adoption plénière, l'adopté doit en principe avoir plus de 15 ans.
☐ B – L'adoption plénière est en principe irrévocable.
☐ C – Si je suis adopté en la forme plénière, je peux désormais me marier avec ma mère biologique.

3 – L'adoption simple :

☐ A – conserve les liens avec la famille d'origine.
☐ B – nécessite obligatoirement que l'adopté ait plus de 15 ans.
☐ C – crée de nouveaux empêchements à mariage dans la famille adoptive.

Réponses : 1, A ; 2, B ; 3, A et C.

✪ CONSEIL DE COACH ✪

ⓘ Faites des *flash cards* pour réviser

Pour réviser, vous avez plusieurs supports possibles : le cours de votre prof, un livre, des schémas, des documents audio, des vidéos... et vous pouvez désormais ajouter les *flash cards* !

Pour utiliser cette méthode, prenez une carte recto verso vierge. Au recto, inscrivez une question (par exemple : « Quelles sont les deux formes d'adoption ? »). Au verso, indiquez la réponse (selon le même exemple : « L'adoption simple et l'adoption plénière. »). Recommencez l'opération jusqu'à avoir suffisamment de *flash cards* pour réviser tout votre cours.

Une fois que vous avez fini de les rédiger, mettez toutes vos cartes dans un sac et prenez au hasard l'une d'entre elles :

- Si vous tombez sur la question, vous devez y répondre.
- Si vous tombez sur la réponse, vous devez trouver la question.

Rien qu'en concevant ces cartes, vous allez déjà réfléchir et donc nécessairement réviser sans le savoir !

FICHE N° 21

L'autorité parentale

En raison de son jeune âge et de sa faible expérience de la vie, l'enfant mineur est placé sous la protection de ses parents. À ce titre, ils doivent surveiller ses fréquentations, veiller à sa santé ou encore lui apporter une éducation correcte. Les parents d'un enfant sont ainsi investis de l'autorité parentale. Plus précisément, ils sont investis de deux types d'autorité parentale :

- L'autorité parentale relativement à la personne de l'enfant, c'est-à-dire l'autorité parentale « au sens strict ». Elle consiste à protéger l'enfant dans sa sécurité, dans sa moralité, et à veiller à sa bonne éducation (c'est celle que nous allons aborder dans cette fiche).
- L'autorité parentale relativement aux biens de l'enfant, qui concerne davantage la gestion et l'administration des biens de l'enfant (nous aborderons cette question dans la fiche suivante).

Le contenu de l'autorité parentale

Au sens strict, l'autorité parentale est un ensemble de droits et de devoirs dont les parents sont titulaires et qui sont destinés à protéger l'enfant dans sa sécurité, dans sa santé et dans sa moralité. En outre, ces droits et devoirs doivent permettre aux parents d'assurer l'éducation et le développement de l'enfant.

Article 371-1 du Code civil

« L'autorité parentale est un ensemble de droits et de devoirs ayant pour finalité l'intérêt de l'enfant.
Elle appartient aux parents jusqu'à la majorité ou l'émancipation de l'enfant pour le protéger dans sa sécurité, sa santé et sa moralité, pour assurer son éducation et permettre son développement, dans le respect dû à sa personne.
Les parents associent l'enfant aux décisions qui le concernent, selon son âge et son degré de maturité. »

Le fait que l'enfant doit être protégé dans sa santé signifie que les parents doivent se rendre chez le médecin lorsque l'enfant est malade, et qu'ils doivent donner leur accord si l'enfant doit être opéré à l'hôpital.

L'enfant doit aussi être protégé dans sécurité : il ne peut pas quitter le domicile familial sans l'accord de ses parents. Ainsi, dans le cas d'un adolescent qui viendrait à fuguer, les parents pourraient avoir recours à la force publique pour que le fugueur réintègre le domicile. Au titre de l'autorité parentale, les parents doivent également surveiller les fréquentations et relations de l'enfant (toutefois, ils ne peuvent pas l'empêcher de voir ses frères et sœurs, ses grands-parents ou encore un ex-beau-parent).

Enfin, les parents doivent éduquer leur enfant, non seulement d'un point de vue scolaire, mais aussi politique et religieux. C'est ainsi que les parents doivent faire en sorte que l'enfant soit scolarisé entre 6 ans et 16 ans.

La titularité et l'exercice de l'autorité parentale

Pour comprendre le fonctionnement de l'autorité parentale, il faut distinguer la titularité de l'autorité parentale et l'exercice de l'autorité parentale. De manière générale, les parents sont titulaires de l'autorité parentale, et ce jusqu'à la majorité ou l'émancipation de l'enfant. En principe, ils exercent conjointement l'autorité parentale, ce qui signifie qu'ils prennent ensemble les décisions concernant la vie de l'enfant (y compris en cas de séparation du couple).

Cependant, il n'est pas toujours nécessaire d'avoir l'accord des deux parents ; l'accord d'un seul parent suffit lorsqu'il s'agit de réaliser un « acte usuel ». Par exemple, lorsque l'enfant s'apprête à subir une opération chirurgicale bénigne, le consentement de l'un des parents suffit puisqu'on est en présence d'un « acte usuel ».

Les limites à l'autorité parentale

Les parents n'exercent pas tout le temps l'autorité parentale ensemble. Dans certains cas, l'exercice de l'autorité parentale peut être confié à une personne tierce (un autre membre de la famille, un proche de confiance ou le service de l'aide sociale à l'enfance). On parle alors d'une délégation de l'autorité parentale. Les parents restent titulaires de l'autorité parentale, mais son exercice est transféré à ce tiers.

Par ailleurs, lorsque le mineur est en danger, le juge des enfants peut prendre des mesures d'assistance éducative destinées à aider les parents à traverser la crise.

Enfin, pour sanctionner les parents qui ont eu une attitude malveillante à l'égard de leur enfant, le juge civil ou pénal peut opérer un retrait de l'autorité parentale. Dans ce cas, les attributs de l'autorité parentale sont retirés. Un parent qui perd cet attribut ne peut plus ni surveiller ni héberger son enfant.

– Quiz –

1 – L'autorité parentale :

- ☐ A – est un ensemble de droits et devoirs ayant pour finalité l'intérêt des parents.
- ☐ B – permet notamment de protéger l'enfant dans sa santé et sa sécurité.
- ☐ C – appartient en principe aux parents.

2 – L'autorité parentale peut être exercée :

- ☐ A – par un tiers.
- ☐ B – par un seul des deux parents.
- ☐ C – par les deux parents.

3 – La délégation de l'autorité parentale :

- ☐ A – permet de transférer la titularité de l'autorité parentale à un tiers.
- ☐ B – permet de transférer l'exercice de l'autorité parentale à un tiers.
- ☐ C – permet de transférer la titularité et l'exercice de l'autorité parentale à un tiers.

Réponses : 1, B et C ; 2, A, B et C ; 3, B.

✪ CONSEIL DE COACH ✪

ⓘ Dans la peau d'un correcteur...

En examen, lorsque vous composez, essayez toujours de vous mettre dans la peau de celui qui va vous corriger. Lorsque vous écrivez une phrase, soyez le plus clair possible, afin que votre correcteur vous comprenne.

La forme est également très importante. Proscrivez au maximum les ratures, faites attention à votre écriture et, surtout, surveillez les fautes d'orthographe.

De la même manière, n'hésitez pas à aérer votre devoir et à sauter des lignes. Cela ne vous coûte rien et, pour celui qui vous corrige, la correction sera plus agréable que si vous aviez tout écrit d'un bloc.

Enfin, privilégiez l'encre noire (ou bleue), bien plus plaisante à lire que le turquoise ou le rose...

FICHE N° 22

L'administration et la gestion des biens de l'enfant

En plus de protéger l'enfant, les parents sont tenus de gérer et d'administrer ses biens, ce qui englobe deux notions : l'administration légale des biens de l'enfant d'une part, la jouissance légale des biens de l'enfant d'autre part.

L'administration légale des biens de l'enfant

Juridiquement, les parents sont les administrateurs légaux des biens de leur enfant : ils gèrent pour lui son patrimoine (tant qu'il est mineur) et accomplissent des actes sur ses biens.

N.B. L'administration légale a fait l'objet d'une importante réforme par une ordonnance du 15 octobre 2015, mais pour bien comprendre le mécanisme actuel, il faut comprendre le fonctionnement de l'ancien système.

Auparavant, on opérait une distinction entre l'administration légale pure et simple et l'administration sous contrôle judiciaire :

- Lorsque l'autorité parentale était exercée en commun par les deux parents, il y avait administration légale pure et simple, c'est-à-dire que les parents s'occupaient ensemble de gérer le patrimoine de l'enfant.

- À l'opposé, avec l'administration sous contrôle judiciaire, qui concernait le cas où l'autorité parentale était exercée par un seul des parents, l'action du parent administrateur était contrôlée par le juge aux affaires familiales (JAF).

Depuis la réforme de 2015, cette distinction a disparu et il n'y a plus qu'une seule et unique administration légale, que l'autorité parentale soit exercée par les deux parents ou par un seul. Autrement dit, si un des parents exerce seul l'autorité parentale, il a les mêmes pouvoirs que les parents qui exercent l'autorité parentale conjointement. L'administrateur légal peut effectuer seul (sans autorisation du juge) les actes conservatoires, les actes d'exploitation du patrimoine (ou actes d'administration) et les actes de disposition (actes graves sur le patrimoine du mineur), à l'exception de ceux mentionnés à l'article 387-1 du Code civil, qui nécessitent l'accord du juge.

Article 387-1 du Code civil

« L'administrateur légal ne peut, sans l'autorisation préalable du juge des tutelles :

1° Vendre de gré à gré un immeuble ou un fonds de commerce appartenant au mineur ;

2° Apporter en société un immeuble ou un fonds de commerce appartenant au mineur ;

3° Contracter un emprunt au nom du mineur ;

4° Renoncer pour le mineur à un droit, transiger ou compromettre en son nom ;

5° Accepter purement et simplement une succession revenant au mineur ;

6° Acheter les biens du mineur, les prendre à bail ; pour la conclusion de l'acte, l'administrateur légal est réputé être en opposition d'intérêts avec le mineur ;

[...] »

Enfin, certains actes sont purement et simplement interdits au(x) parent(s) administrateur(s), ce qui signifie que même le juge ne peut les autoriser. Par exemple, les parents ne peuvent pas donner gratuitement à autrui des biens appartenant au mineur.

Le droit de jouissance légale

En tant qu'administrateurs légaux des biens de leur enfant, les parents ont une prérogative supplémentaire qui leur permet de jouir des biens de leur rejeton et de percevoir des fruits tirés de l'exploitation de ces biens. Par exemple, ils peuvent mettre en location une maison qui appartient au mineur pour en retirer des loyers.

Le droit de jouissance légale est attaché à l'administration légale (laquelle dépend de l'exercice de l'autorité parentale). Dès lors, la jouissance légale appartient aux deux parents lorsque l'autorité parentale est exercée conjointement. Inversement, si un seul des deux parents exerce l'autorité parentale, le droit de jouissance lui appartient exclusivement. En outre, le droit de jouissance est un droit d'usufruit : les parents sont effectivement considérés comme des usufruitiers des biens de leur enfant.

L'usufruit

L'usufruit est un droit réel, issu du démembrement du droit de propriété. Lorsqu'on est usufruitier d'un bien, on est titulaire de l'*usus* (droit d'user du bien) et du *fructus* (droit d'en percevoir les fruits). En revanche, on n'a pas l'*abusus* (droit de vendre ou donner le bien), qui appartient à celui qu'on nomme le « nu-propriétaire ».

Enfin, si le droit de jouissance légale porte sur la quasi-totalité des biens de l'enfant, certains biens ne sont pas compris dans l'assiette de ce droit de jouissance des parents, comme les biens que le mineur a pu acheter par son travail.

Dernière remarque : le droit de jouissance légale prend fin dès que le mineur est âgé de 16 ans, qu'il contracte mariage ou encore lorsque l'autorité parentale prend fin (en cas de retrait de l'autorité parentale).

– Quiz –

1 – L'administrateur légal peut faire seul :

- ☐ A – tous les actes conservatoires.
- ☐ B – tous les actes d'administration.
- ☐ C – tous les actes de disposition.

2 – L'administrateur légal ne peut, sans autorisation du juge :

- ☐ A – vendre un immeuble appartenant au mineur.
- ☐ B – contracter un prêt au nom du mineur.
- ☐ C – acheter les biens du mineur.

3 – Le droit de jouissance légale des parents :

- ☐ A – s'apparente à un véritable droit de propriété.
- ☐ B – s'arrête lorsque le mineur a 16 ans.
- ☐ C – permet de percevoir des fruits issus des biens du mineur.

Réponses : 1, A et B ; 2, A, B et C ; 3, B et C.

✪ CONSEIL DE COACH ✪

ⓘ Distinguer actes conservatoires, actes d'administration et actes de disposition

Le droit regorge de distinctions et de classifications. L'une d'entre elles est fondamentale : il faut en effet distinguer les actes conservatoires, les actes d'administration et les actes de disposition.

Les actes conservatoires sont des actes dont l'objectif est de conserver un bien, de maintenir le patrimoine en bon état. Ainsi, la réparation d'une toiture est un acte conservatoire puisque, sans cette intervention, la maison peut perdre beaucoup de valeur.

Les actes d'administration sont des actes de gestion courante et d'exploitation normale des biens. Lorsqu'on est propriétaire d'un appartement et qu'on décide de le louer à autrui, on accomplit un acte d'administration car on exploite normalement un bien.

Les actes de disposition sont les actes les plus graves, qui viennent modifier la consistance du patrimoine. La vente d'une maison ou encore le fait de renoncer à une succession constituent les exemples les plus topiques de cette catégorie d'actes.

Cette distinction est très importante en droit civil et n'est pas seulement utilisée en droit de la famille et en droit des personnes ; elle est aussi utilisée en matière d'indivision pour connaître les pouvoirs des indivisaires.

FICHE N° 23

Les obligations alimentaires et le devoir d'entretien

Lorsqu'on est membre d'une famille, il existe une certaine solidarité des uns envers les autres. Cette solidarité peut bien entendu être morale : on va par exemple aider son frère psychologiquement afin qu'il surmonte sa dépression. Mais, surtout, cette solidarité peut être matérielle et pécuniaire. Ainsi, les parents d'un enfant doivent contribuer ensemble à son entretien et son éducation : c'est le devoir d'entretien.

Par ailleurs, au sein du cercle familial, il existe dans certaines hypothèses des obligations alimentaires, quand l'un des membres de la famille doit aider matériellement un proche qui se trouve dans le besoin.

Les obligations alimentaires

La loi nous impose parfois de prêter assistance à un proche qui est dans le dénuement, et certains membres de la famille sont tenus d'une obligation alimentaire à l'égard d'autres membres du cercle :

- Les descendants envers leurs ascendants ;
- Les ascendants envers leurs descendants ;
- Les gendres et belles-filles envers leurs beaux-parents ;
- Les beaux-parents envers leurs gendres et belles-filles.

En revanche, il n'existe pas d'obligation alimentaire entre collatéraux ; si votre sœur se trouve dans le besoin, vous n'êtes juridiquement pas obligé de lui apporter une aide matérielle.

Lorsqu'elle existe, l'obligation alimentaire n'est due que si le créancier se trouve dans un état de besoin. Par exemple, vous êtes tenus de verser une obligation alimentaire si votre père se trouve sans domicile fixe. En revanche, s'il mène une vie opulente, une telle contribution ne vous sera pas demandée.

De plus, il faut que le débiteur de cette obligation ait les ressources suffisantes ; si le descendant gagne très faiblement sa vie, il y a peu de chances qu'il soit obligé d'aider son ascendant. En outre, comme son nom l'indique, l'objet de cette obligation alimentaire est de fournir des « aliments », c'est-à-dire ce qui est indispensable pour vivre (nourriture, santé, logement), mais pas des loisirs ou des vacances.

Formellement, l'obligation alimentaire prend généralement la forme d'une pension alimentaire versée par le débiteur au créancier.

Le devoir d'entretien

Antoine Loysel (1536-1617) disait autrefois : « Qui fait l'enfant doit le nourrir. » Traduit en termes juridiques, cela signifie que chacun des parents doit contribuer à l'entretien et à l'éducation des enfants ; tel est l'objet du devoir d'entretien des parents.

Le devoir d'entretien est attaché au lien de filiation, et non à l'autorité parentale. Cela signifie que le seul fait d'être père ou mère implique ce devoir d'entretien. Même si un parent a perdu l'autorité parentale, il devra contribuer à l'entretien de l'enfant. Et contrairement aux obligations alimentaires classiques, le devoir d'entretien est dit « unilatéral » : seuls les parents sont tenus d'exécuter cette obligation (il n'existe pas de devoir d'entretien des enfants envers leurs parents, ni entre les grands-parents et les petits-enfants).

En pratique, l'objet du devoir d'entretien s'avère plus large qu'une obligation alimentaire classique. Les parents doivent fournir tout ce qui est nécessaire à la vie de l'enfant : ils doivent verser des « aliments », mais aussi assurer la formation, l'éducation et l'épanouissement de l'enfant, par exemple en payant ses frais de scolarité.

Concernant la durée, la loi prévoit que l'obligation d'entretien ne cesse pas automatiquement à la majorité ; ce devoir peut subsister après la majorité si l'enfant est sans ressources.

– Quiz –

1 – Il existe une obligation alimentaire entre :

- ☐ A – Le père dans le besoin et l'enfant.
- ☐ B – L'enfant et le grand-père dans le besoin.
- ☐ C – Un frère et une sœur dans le besoin.

2 – Le devoir d'entretien :

- ☐ A – a un objet plus étroit qu'une obligation alimentaire classique.
- ☐ B – s'arrête automatiquement à la majorité de l'enfant.
- ☐ C – est attaché à la filiation.

3 – Laquelle de ces assertions est juste ?

- ☐ A – Les enfants sont tenus d'un devoir d'entretien à l'égard des parents.
- ☐ B – Dans le cadre du devoir d'entretien, les parents ne sont tenus de verser que des aliments aux enfants.
- ☐ C – Le partenaire du parent n'est pas obligé de contribuer à l'éducation et l'entretien de l'enfant.

Réponses : 1, A et B ; 2, C ; 3, C.

✪ CONSEIL DE COACH ✪

ⓘ Créancier ou débiteur ?

Dans la fiche précédente, nous avons parlé de « débiteurs d'aliments » et de « créanciers d'aliments » ; or cette terminologie n'est pas toujours facile à comprendre.

Le terme « créancier » et le terme « débiteur » s'emploient en ce qui concerne une obligation, c'est-à-dire un lien de droit qui existe entre deux personnes et permet à l'une d'entre elles de demander à l'autre la réalisation d'une prestation. Dans le cadre d'une obligation alimentaire, celui qui se trouve dans le besoin va demander à l'un de ses proches de lui verser de l'argent pour qu'il puisse vivre.

C'est alors que les notions de créancier et de débiteur sont utiles : le débiteur d'une obligation est celui qui doit réaliser la prestation (**d**ébiteur = **d**oit). Au contraire, le créancier d'une obligation est celui qui reçoit la prestation.

Dans le cadre d'une obligation alimentaire, si le père est dans le besoin et qu'il a un enfant, l'enfant devra assister son ascendant d'un point de vue financier. L'enfant sera alors considéré comme le débiteur d'aliments et le père comme le créancier d'aliments.

FICHE N° 24

L'assistance médicale à la procréation

Lorsqu'un couple connaît des problèmes d'infertilité, la loi française l'autorise à recourir à l'assistance médicale à la procréation (AMP), expression qui renvoie à toutes les pratiques cliniques et biologiques permettant notamment l'insémination artificielle d'ovocytes, la conception in vitro d'embryons et la conservation de gamètes.

Les procédés d'assistance médicale à la procréation

Pour avoir un enfant, le couple peut recourir à deux méthodes d'AMP :

- La fécondation in vitro et le transfert d'embryons (FIVETE), qui est le fameux « bébé-éprouvette » : on prélève des ovocytes sur la future mère (ou sur une donneuse), puis l'embryon est fécondé in vitro dans une boîte de Petri avec le sperme du futur père (ou celui d'un tiers donneur) avant d'être introduit dans l'utérus de la femme ;
- L'insémination artificielle (IA), qui consiste à introduire dans l'utérus de la future mère le sperme du futur père (ou celui d'un tiers donneur) afin qu'une fécondation se produise.

Les conditions de l'assistance médicale à la procréation

L'assistance médicale à la procréation est strictement encadrée par le Code de la santé publique. À ce jour, elle n'est ouverte qu'aux couples composés d'un homme et d'une femme, et les deux futurs parents doivent être en âge de procréer.

De plus, une assistance médicale à la procréation ne peut avoir lieu que pour remédier à l'infertilité d'un couple, ou pour éviter de transmettre une maladie grave à l'enfant (par exemple, une maladie génétique) ou à un des membres du couple (par exemple, si l'un des deux est atteint par le VIH ou l'hépatite C). Elle ne peut en revanche pas être utilisée pour concevoir des embryons à des fins commerciales et industrielles.

AMP et don de gamètes

Dans le cadre d'une assistance médicale à la procréation, on peut recourir aux services d'un tiers donneur. Ainsi, plutôt que d'utiliser le sperme du mari, on peut concevoir l'embryon à l'aide des spermatozoïdes d'une tierce personne qui a décidé de donner ses gamètes. Dans une telle hypothèse, des règles particulières doivent être appliquées à l'égard du donneur :

- Il ne peut pas s'agir d'un mineur ni d'un majeur sous protection.
- Il doit avoir moins d'un certain âge (45 ans pour un donneur homme).
- Il doit être en bonne santé.
- Il doit recueillir le consentement de la personne avec qui il partage sa vie.

- Il ne peut conduire à la naissance de plus de dix enfants.

En outre, étant donné qu'on parle de « don » de gamètes, celui qui se prête à un tel don ne peut être rémunéré pour son acte (principe de gratuité). En revanche, bien évidemment, il pourra être remboursé des frais d'intervention et éventuellement de ses frais de transport.

Enfin, l'individu qui donne ses gamètes (spermatozoïdes ou ovocytes) doit être anonyme, ce qui signifie, d'une part, que le receveur du don ne peut pas savoir qui a donné, et d'autre part, que le donneur ne peut pas connaître l'identité du receveur.

L'établissement de la filiation et l'AMP

À la suite d'une assistance médicale à la procréation, pour établir la filiation de l'enfant, on procède de la même façon que si l'enfant avait été conçu naturellement : la désignation de la mère dans l'acte de naissance suffit pour établir la maternité et le père peut se prévaloir de la présomption de paternité (s'il est marié) ou reconnaître l'enfant.

Selon le principe de l'anonymat, lorsqu'un tiers intervient dans la conception par un don de gamètes, il ne peut y avoir aucun lien de filiation établi entre l'enfant issu de la PMA et l'auteur du don. À l'inverse, lorsque l'homme qui a bénéficié d'une AMP ne souhaite plus établir sa paternité une fois l'enfant né, il engage sa responsabilité et sa paternité peut être reconnue malgré tout puisqu'il a fait la demande d'AMP conjointement avec sa partenaire.

– Quiz –

1 – L'AMP :

☐ A – est réglementée par le Code de la santé hospitalière.
☐ B – est ouverte aux couples qui sont en âge de procréer.
☐ C – est ouverte aux couples composés d'un homme et d'une femme.

2 – L'AMP :

☐ A – est ouverte en cas d'infertilité d'un des membres du couple.
☐ B – est ouverte pour concevoir un embryon à des fins commerciales.
☐ C – est ouverte pour éviter la transmission d'une maladie à l'enfant.

3 – Laquelle de ces assertions est fausse ?

☐ A – Le donneur de gamètes doit rester anonyme.
☐ B – Le donneur de gamètes ne peut être rémunéré pour son don.
☐ C – Le donneur de gamètes peut être mineur.

Réponses : 1, B et C ; 2, A et C ; 3, C.

✪ CONSEIL DE COACH ✪

ⓘ Comprendre avant d'apprendre

Le droit est une matière complexe et technique sur certains points. Pour cette raison, il faut essayer de comprendre avant d'apprendre. L'apprentissage par cœur n'est pas une bonne solution sur le long terme si vous ne comprenez pas ce que vous retenez !

Privilégiez la compréhension des grandes notions, des grands mécanismes et des grands concepts d'une matière plutôt que d'apprendre le cours par cœur ; d'autant que l'apprentissage par cœur ne favorise pas la réflexion, laquelle est en général valorisée dans les copies.

FICHE N° 25

La maternité pour autrui

Pour avoir un enfant, un couple fait parfois appel à une « mère porteuse » afin qu'elle mette au monde un enfant qu'elle remettra au couple à la naissance. Mais contrairement à l'assistance médicale à la procréation, qui est autorisée et réglementée en France, la maternité pour autrui est interdite sur le sol français.

Article 16-7 du Code civil

« Toute convention portant sur la procréation ou la gestation pour le compte d'autrui est nulle. »

Gestation pour autrui et procréation pour autrui

Derrière l'expression « maternité pour autrui », il y a deux situations :

- La « gestation pour autrui » (GPA) : un embryon a été conçu in vitro (par les gamètes des futurs parents ou à l'aide d'un tiers donneur), puis il est transféré dans l'utérus de la mère porteuse afin qu'elle le porte et donne naissance à l'enfant.
- La « procréation pour autrui » : la mère porteuse subit directement une insémination artificielle pour porter l'enfant et le mettre au monde (la mère porteuse est alors bien la mère génétique de l'enfant).

Qu'il s'agisse de gestation pour autrui ou de procréation pour autrui, ces procédés sont interdits en France ; ce qui n'empêche pas certains couples de se rendre dans un pays qui autorise les mères porteuses pour mener à bien un projet parental. Ils ne rencontrent généralement aucune difficulté pour obtenir un acte de naissance attestant qu'ils sont les véritables parents de l'enfant issu de la gestation pour autrui. Mais lorsqu'ils reviennent en France, cela pose deux problèmes :

- La transcription de l'acte de naissance étranger sur les registres français ;
- L'établissement de la filiation à l'égard de l'enfant issu de la maternité pour autrui.

La transcription de l'acte de naissance étranger sur les registres français

Pendant longtemps, les juges français étaient opposés à ce que le couple puisse obtenir que l'acte de naissance (ou le jugement d'adoption) établi à l'étranger soit transcrit sur les registres français de l'état civil. Ce refus posait problème dans la vie quotidienne des intéressés : lorsqu'on devait prouver qu'on était le parent de l'enfant issu de la GPA, il fallait utiliser les pièces étrangères, lesquelles devaient être traduites et certifiées, ce qui alourdissait considérablement le processus.

La position du droit français a évolué sous l'influence de la Cour européenne des droits de l'homme (CEDH), qui a condamné la France pour sa position en matière de gestation pour autrui dans deux arrêts très importants rendus le même jour : les arrêts Mennesson et Labassée contre France du 26 juin 2014.

Dans ces deux décisions, la CEDH ne remet pas en cause l'interdiction de la gestation pour autrui et de la procréation pour autrui ; elle sanctionne la France pour son refus de retranscrire l'acte de naissance étranger sur les registres français, estimant que le droit au respect de la vie privée (et plus précisément le droit à l'identité) de l'enfant est alors violé. Depuis cette condamnation, les juridictions françaises ont modifié leur position en la matière.

Dans un premier temps, la Cour de cassation a admis la transcription d'un acte de naissance étranger qui désigne comme père le père biologique et comme mère la femme ayant accouché. Dans un deuxième temps, elle a autorisé une transcription partielle de l'acte de naissance étranger lors du recours à une mère porteuse : la mention relative au père est admise (car conforme à la réalité biologique) mais celle de la mère n'est pas transcrite.

L'établissement du lien de filiation à l'égard de l'enfant issu de la maternité pour autrui

Compte tenu de l'interdiction de la gestation pour autrui, les juridictions françaises sont longtemps restées opposées à ce qu'un lien de filiation soit établi en France entre l'enfant et les parents ayant fait appel à une mère porteuse. Mais plusieurs décisions importantes de 2017 modifient cet état du droit.

Tout d'abord, alors qu'auparavant les juges prononçaient l'annulation d'une reconnaissance dans le cadre d'une gestation pour autrui, la jurisprudence a finalement affirmé que le recours à ce procédé ne faisait pas obstacle à l'établissement de la filiation paternelle. Le père biologique peut ainsi reconnaître l'enfant.

En outre, la Cour de cassation a permis que le parent d'intention soit autorisé à procéder à une adoption simple à l'égard de l'enfant issu d'une maternité pour autrui, lorsque le couple est marié et s'il est dans l'intérêt de l'enfant de prononcer cette adoption.

– Quiz –

1 – Est interdite sur le territoire français :

- □ A – La maternité pour autrui.
- □ B – La gestation pour autrui.
- □ C – La procréation pour autrui.

2 – Dans les arrêts Mennesson et Labassée contre France de 2014 :

- □ A – La Cour européenne des droits de l'homme condamne les requérants à payer une indemnité à la France.
- □ B – La Cour européenne des droits de l'homme condamne la France au nom du droit au respect de la vie privée de l'enfant.
- □ C – La Cour européenne des droits de l'homme condamne la France pour son interdiction de la maternité pour autrui.

3 – Laquelle de ces assertions est juste ?

- □ A – Lorsque l'acte de naissance étranger mentionne comme père le géniteur de l'enfant et comme mère la mère d'intention, l'acte peut être intégralement retranscrit sur les registres français.
- □ B – Lorsque l'acte de naissance étranger mentionne comme père le géniteur de l'enfant et comme mère la mère d'intention, seules les mentions relatives au père peuvent être retranscrites sur les registres français.

☐ C – Lorsque l'acte de naissance étranger mentionne comme père le géniteur de l'enfant et comme mère la mère d'intention, l'acte ne peut jamais être retranscrit sur les registres français au nom de l'interdiction de la maternité pour autrui.

Réponses : 1, A, B et C ; 2, B ; 3, B.

✪ CONSEIL DE COACH ✪

ⓘ Faire des liens entre les matières

Pour optimiser vos chances d'avoir une bonne note, il peut être judicieux de faire des liens entre les matières. En effet, les différents domaines juridiques sont loin d'être cloisonnés et des rapprochements peuvent être opportuns.

Par exemple, si on vous interroge sur la maternité pour autrui, rien ne vous empêche de parler de droit constitutionnel et d'affirmer que la loi s'applique sur le territoire national, en vertu du principe de territorialité des lois. Vous en tirerez pour conséquence que la maternité pour autrui est interdite en France, mais qu'elle peut être autorisée dans d'autres pays. C'est ce qui justifiera que des couples français se rendent à l'étranger pour faire appel à une mère porteuse.

TEST FINAL

25 questions pour une ultime révision

Vous pensez désormais connaître le droit de la famille sur le bout des doigts ? Voici 25 questions pour tester vos connaissances !

Vous pouvez essayer d'y répondre à l'oral en 30 minutes, mais l'idéal reste de vous tester à l'écrit en répondant à TOUTES ces questions en moins de 90 minutes.

Pas de panique si vous séchez, vous trouverez les réponses en tournant la page. Bonne chance !

--- QUESTIONS ---

1 – Quels sont les quatre cas de divorce ?

2 – Quelle est la définition du concubinage ?

3 – En matière de filiation, qu'est-ce qu'une action attitrée ?

4 – Qu'est-ce qu'un acte de notoriété ?

5 – Les enfants sont-ils tenus d'un devoir d'entretien à l'égard de leurs parents ?

6 – Comment la loi définit-elle le pacs ?

7 – Au bout de combien de temps de séparation peut-on demander le divorce pour altération définitive du lien conjugal ?

8 – Un mineur peut-il se marier ?

9 – Quand s'arrête le droit de jouissance légale des parents ?

10 – Citez un texte qui consacre la liberté de se marier comme un droit fondamental.

11 – Quels sont les modes non contentieux d'établissement de la filiation ?

12 – La rupture des fiançailles est-elle libre ?

13 – Qu'est-ce que l'autorité parentale ?

14 – À quoi sert l'action à fins de subsides ?

15 – La possession, pour produire des effets, doit revêtir quatre caractères. Lesquels ?

16 – Quels sont les cinq devoirs du mariage ?

17 – Qu'est-ce qu'un courtage matrimonial ?

18 – Un divorce est-il nécessairement prononcé par un juge ?

19 – La séparation de fait met-elle fin au mariage ?

20 – Quelles sont les deux formes d'adoption ?

21 – La gestation pour autrui est-elle autorisée en France ?

22 – Quels sont les deux modes d'établissement de la filiation par l'effet de la loi ?

23 – Peut-on établir la filiation en passant par le juge ?

24 – La présomption de paternité est-elle applicable à l'égard de tous les couples ?

25 – Un contrat de mariage est-il nécessaire pour se marier ?

--- RÉPONSES ---

1 – Les quatre cas de divorce sont : le divorce par consentement mutuel, le divorce accepté, le divorce par altération définitive du lien conjugal et le divorce pour faute.

2 – L'article 515-8 du Code civil définit le concubinage comme « une union de fait, caractérisée par une vie commune présentant un caractère de stabilité et de continuité, entre deux personnes, de sexe différent ou de même sexe, qui vivent en couple ».

3 – Une action attitrée est une action qui est ouverte à certaines personnes limitativement énumérées par la loi.

4 – Un acte de notoriété est un acte délivré par le juge d'instance constatant l'existence d'une possession d'état.

5 – Les enfants ne sont pas tenus d'un devoir d'entretien à l'égard de leurs parents ; seuls les parents sont tenus d'un devoir d'entretien à l'égard de leurs enfants.

6 – Selon l'article 515-1 du Code civil, « un pacte civil de solidarité est un contrat conclu par deux personnes physiques majeures, de sexe différent ou de même sexe, pour organiser leur vie commune ».

7 – On peut demander le divorce pour altération définitive du lien conjugal au bout de deux ans de résidence séparée.

8 – En principe, non, le mineur ne peut pas se marier. Cependant, il peut recevoir une dispense d'âge en présence de justes motifs.

9 – Le droit de jouissance légale des parents s'arrête quand l'enfant atteint 16 ans.

10 – Par exemple, l'article 12 de la Convention européenne des droits de l'homme ou encore l'article 9 de la Charte des droits fondamentaux de l'Union européenne.

11 – L'établissement de la filiation par l'effet de la loi, par la reconnaissance ou par la possession d'état.

12 – En principe, la rupture des fiançailles est libre. Cependant, dans certaines circonstances, celui qui rompt les fiançailles peut voir sa responsabilité engagée.

13 – L'autorité parentale désigne un ensemble de droits et de devoirs ayant pour finalité l'intérêt de l'enfant.

14 – L'action à fins de subsides permet de réclamer une aide auprès de celui qui a eu des relations sexuelles avec la mère de l'enfant. Cette action ne permet toutefois pas d'établir la filiation.

15 – Pour produire des effets, la possession d'état doit être paisible, publique, continue et non équivoque.

16 – Les cinq devoirs du mariage sont le secours, la fidélité, l'assistance, le respect et la communauté de vie.

17 – Le courtage matrimonial est un contrat par lequel une personne met en relation deux personnes qui souhaitent se marier. Ce contrat est autorisé.

18 – Aujourd'hui, un divorce n'est plus nécessairement prononcé par un juge : dans le cadre d'un divorce par

consentement mutuel, il est possible de divorcer sans passer devant une juridiction.

19 – Non, la séparation de fait ne met pas fin au mariage.

20 – L'adoption simple et l'adoption plénière.

21 – Non, la gestation pour autrui n'est pas autorisée sur le territoire français.

22 – Les deux modes d'établissement de la filiation par l'effet de la loi sont la présomption de paternité et la désignation de la mère dans l'acte de naissance.

23 – On peut établir la filiation en passant par le juge : il suffit de recourir à un mode contentieux d'établissement de la filiation (par exemple, une action en recherche de paternité).

24 – Non, la présomption de paternité ne s'applique qu'à l'égard des couples mariés.

25 – Non, il n'est pas nécessaire de conclure un contrat de mariage devant notaire pour se marier. Lorsque les époux ne concluent aucun contrat de mariage, ils sont soumis par défaut au régime légal, celui de la communauté réduite aux acquêts.

Annexes & bonus

Si ce livre vous a plu et que vous en voulez davantage, retrouvez plus de 150 articles dédiés aux étudiants en droit sur le site web de l'auteur :

www.juriswin.com

Vous pouvez également retrouver toutes les annexes de la collection « Juriscoach » sur :

www.juriswin.com/juriscoach

Enfin, vous trouverez facilement Juriswin sur les réseaux sociaux :

facebook.com/juriswin
twitter.com/juriswin

On vous laisse chercher la chaîne YouTube ;-)

Imprimé en U.E. (Bulgarie) par Colorix
Dépôt légal : troisième trimestre 2018